サンデーベイクショップの
一年

季節のくだもので
つくる焼き菓子

Sunday Bake Shop
嶋崎かづこ

柴田書店

はじめに

はじめまして！ この本をひらいてみてくれて、
ありがとうございます！

2009年の1月に、Sunday Bake Shop
というお店をひらきました。今で12年なんですが、
毎年、その季節季節のおたのしみがめぐってきて、
それをたのしみに、毎年きてくださる方がふえてきて、
その季節になるとその方のことを思いだしたり、
よろこぶねー！なんて思ったり、季節と一緒に
つくってきたお店だな！と思ったりしていたんです。

だから本をつくりましょう！となったときに、
季節をとおした一年の本がいいです、と言いました。
毎年毎年、まわってくることなんですが毎年毎年、
そのおたのしみがくるって、本当にうれしいし、
たのしみなことだと思うんです。
そのたのしみを12年もつづけていられることと、
そのたのしみの本をつくれたことに、
ありがとうございますだらけです。

たのしんでください！

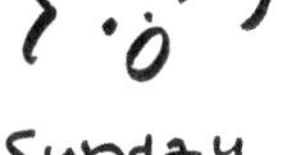

Sunday Bake Shop
シマザキ カヅコ

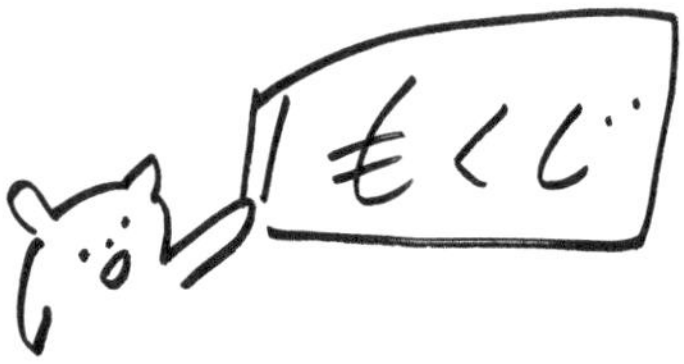
もくじ

撮影 馬場わかな
デザイン 芝 晶子（文京図案室）
ライター 瀬戸理恵子
編集 井上美希（柴田書店）

材料について

塗り卵は全卵を溶いたもので、焼く前におかしの表面に塗ります。

材料欄に全卵とある場合、卵は溶いてから計量して使います。

打ち粉には強力粉を使います。

オイルコーティングされているドライフルーツはお湯で洗ってオイルをしっかりと落としてから使います。

仕上げにふるデコレーション用粉糖は泣かない（溶けにくい）タイプのものを使っています。

レモンは皮も安心して使える、無農薬栽培で防カビ剤不使用のものを使っています。

道具やつくり方について

オーブンはおかしを入れる前に予熱しておきます。

この本で使っているオーブンはガスコンベクションオーブンです。温度と時間はお使いのオーブンにあわせて調整してください。また、途中で天板の前後や上下を入れかえるなどして、おかしにまんべんなく火が通るようにします。

調理時間、保存期間、コンロの火加減は目安として掲載したものです。必要に応じて調整してください。

シルパンはグラスファイバーをシリコンコーティングしたオーブン用のマットです。格子状に並んだグラスファイバーの間に隙間があり、生地がサクッと焼き上がります。

果物の分量に正味とある場合は、皮や種やヘタなど不要な部分を取り除いた重さを指します。

オーブンで焼くときは天板の代わりに網を使い、型を網にのせて焼いています。

春
いちご
オレンジ

ネクタリン
プラム
アプリコット
小夏
夏
パイナップル
ルバーブ
ラズベリー
パッション
フルーツ

Sunday Bake Shop の一年

休みの日に何しようか？ という話になると、春はだいたい「ピクニック！」。ふわりとした食感のおかしを外で食べたいです。朝起きたらいいお天気で、あ、ピクニック行きたいな、ってなってから友だちに声をかけて、ささっとつくって、型ごと布に包んだら、焼きたてを持って近所の公園に出かける。そういうのが、春ならではの楽しみです。

日差しがあたたかくなって、暇さえあれば外でお茶したくなるこの時季は、いろいろな果物が出てきて、おかしづくりが楽しくなる季節でもあります。まだ寒いころから出まわりはじめるいちごは、5月の連休あたりまでがおいしいので、それまでにたくさん使いたい果物です。そのまま食べるのがいちばん好きだったりもするのですが、もちろん焼き菓子にするのも大好きです。わたしの好みをよくわかってくれている近所の八百屋さんは、小粒でかわいいいちごを選んで、「はい、これ。好きなやつね」と届けてくれます。

国産の柑橘も春には欠かせません。皮ごと使いたいので、有機栽培の国産のものがいろいろと出回ると、その時々に手に入る種類のものでジャムや焼き菓子をいっぱいつくります。わたしが使う瀬戸内の「しまなみレモン」の柑橘は、海外産に比べて味がやわらかく、実《み》はしっかり詰まっていて、皮からとても華やかな香りがします。

春

いちご

酸味のある小粒のものが好きです。甘いだけじゃなく、酸っぱさもあったほうがおいしいと思うので、白いところも使います。マフィンやトレイベイクの生地に生のまま混ぜて焼くことも。甘い香りのアニスや、辛みのあるペッパー、さわやかなローズマリーやミントなど、いろいろなハーブやスパイスと相性がよい一方、丸みのある味ともよく合うと思うので、カスタードクリームやホワイトチョコレートなどと組み合わせたりもします。

オレンジ

2月ごろからネーブルオレンジやブラッドオレンジ、バレンシアオレンジなどが次々に出てきます。出はじめは皮がやわらかいので、生のまま生地に混ぜて焼きます。マーマレードが好きすぎて時間を見つけては煮るのですが、ピール単体でも煮て保存しています。生のままスライスしてブラウニーやアップサイドダウンケーキにのせて焼くのも好きです。タイム、フェンネル、アニスなどと相性がよく、カカオニブやチョコレートと合わせることも多いです。

春

いちごジャム→ P.014

春

P.016 ←— スペルト小麦のスコーン

いちごジャム

いちごを指でつぶして、
さっと煮てジャムにしました。
材料もつくり方もシンプル。
短時間で簡単につくれて、
季節の味が楽しめます。

約300mlのガラス瓶1つ分

イチゴ……**200g**（正味）
グラニュー糖……**120g**
レモン……**$1/2$個**

白いところも残して

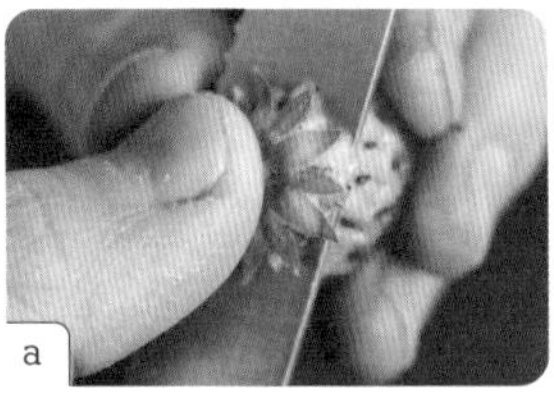

a

半分くらいつぶす

b

c

1 イチゴはヘタと芯のかたいところをとってボウルに入れ{a}、指でざっとつぶします{b,c}。白くて酸っぱいところも入っているのが好きなので、そこは残しています。丸のままで煮ても、包丁で切ってから煮てもしゃばっとしたジャムになってしまうので、少しとろっとさせるために指で半分くらいつぶしてから煮ています。

2 グラニュー糖を加えてレモン果汁を搾り入れます{d}。グラニュー糖がなじむまでゴムべらで混ぜ{e}、鍋に移します。鍋の中でグラニュー糖と混ぜると鍋肌についたものが焦げてしまいやすいので、イチゴとなじませてから鍋に移しています。

3 強火にかけ、沸いたら底が焦げないようにゴムべらでときどき混ぜ{f}、アクを取りながら強火のまま煮ます{g}。

4 アクが少なくなったら、ほどよいとろみになるちょっと手前あたりで火を止めます{h}。煮すぎると煮詰まった匂いが出てしまうので、とろみが出てきたところで止めています。熱いうちに瓶に移し{i}、ふたを閉めて逆さまにして冷まします。2週間くらいで食べきるのがおすすめです。長期保存したい場合は瓶を煮沸消毒してから詰めてください。

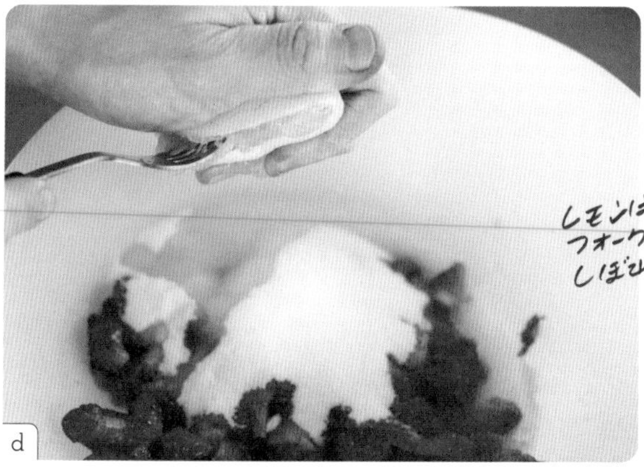

d

レモンは
フォークでも
しぼれます

e

いちごと
グラニュー糖は
まぜてから
なべへ！

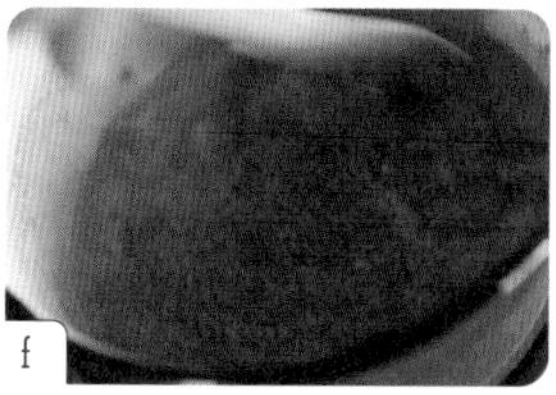

f

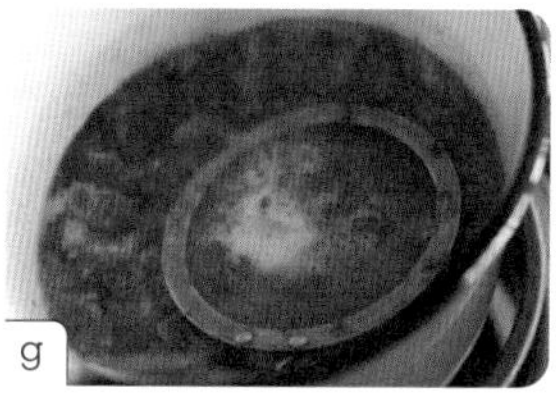

g

これくらい
まで
煮ます

h

熱いうちに！

i

春

スペルト小麦のスコーン

スペルト小麦の全粒粉でつくる、
ふわっとした食感のスコーンです。
スペルト小麦は小麦の原種。
噛むほどに味わい深くて、
粉のやさしい旨みと甘みがあります。

約13個分
(直径6cmと7.5cmの抜き型使用)

A **スペルト小麦の全粒粉……700g**
グラニュー糖……160g
ベーキングパウダー……24g
塩……4g

バター(無塩。スライスして冷やす)**……170g**

牛乳……240g

ヨーグルト……160g

溶き卵(塗り卵)**……適量**

1 ボウルにAをふるい入れてバターを加え{a}、粉類をまぶします。ふるいに残ったふすまや粗い粒も、風味が出ておいしいので、一緒にボウルに入れます。

2 フードプロセッサーに移し、全体が少し黄色くなってさらさらになるまで回します{b}。

3 ボウルに移して、手のひらをお椀状に丸めて粉をすくい上げ、両手をこすり合わせます{c, d}。全体がしっとりとして、粉に重みが出て色が少し濃くなる{e}までくり返します。

4 牛乳とヨーグルトを混ぜ、3に加えます。ボウルを回しながら、カードで手ばやく底からすくい上げて混ぜ合わせます{f, g, h}。

5 ひとまとまりになったら台の上に生地を取り出し、打ち粉をして手のひらで奥へ押し出しては手前に戻します{i}。表面がべたつかなくなるまで{j}、これを10回ほどくり返します。

6 打ち粉をして麺棒で厚さ3cm弱にのばし(一番生地){k}、直径6cmくらいに抜きます(1個約95g){l}。残った生地は手でざっとまとめ(二番生地)、厚さ約2.5cmにのばしてひとまわり大きい円形に抜きます。生地が厚すぎると、焼成中に膨らんだあと、上半分がずれ落ちて形がくずれやすくなります。二番生地は縮みやすいので、一番生地よりも薄くして大きく抜きます{m}。

春 7 オーブンペーパーを敷いた天板に並べ、表面に刷毛で塗り卵を塗ります{n}。200℃のオーブンで約8分焼き、170℃に下げてさらに約13分焼きます{o}。

ふすまも入れます!

a

まわりが高くなるまでまわします

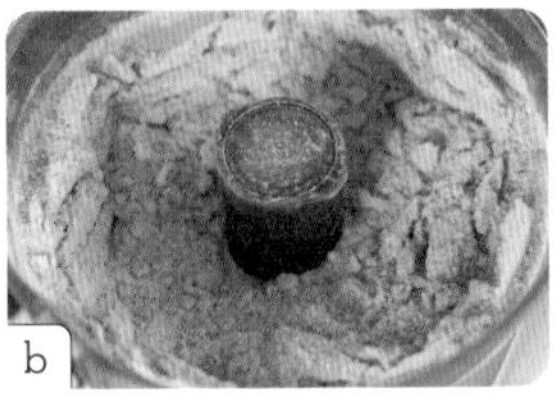
b

c

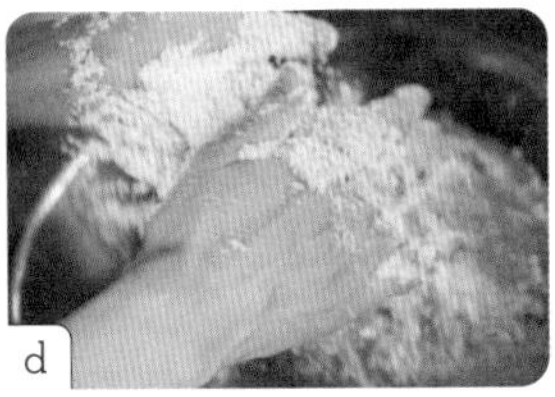
d

すばやく!

e

f

生地を
カードで
持ちあげて

g

粉っぽい
ところに
おく!

h

i

こねすぎない
ように!

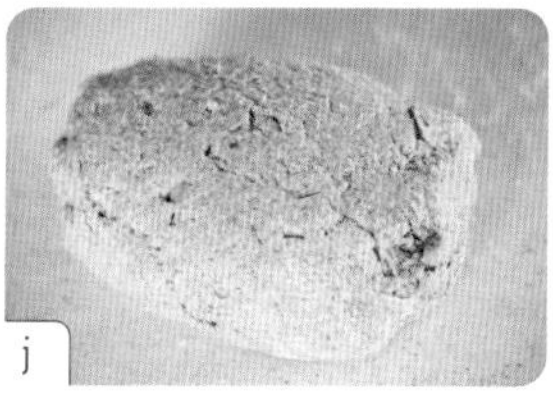
j

k

l

m

二番生地は
大きくうすく

1番生地は
小さくあつく

n

o

春

春

いちごのトライフル → P.020

春

いちごのトライフル

つくりたてのふわふわも、
ひと晩ゆっくり「待つ楽しみ」をして
次の日に食べる
しっとり全体がなじんだのも、
どっちもおいしい冷たいおかしです。

つくりやすい分量（底直径5cm、上直径7.5cm、高さ5.5cmのグラス）

ゆるいカスタード

牛乳……200g

卵黄……2個分

グラニュー糖……20g

薄力粉……10g

バニラビーンズペースト……小さじ$^{1}/_{2}$弱

クリーム

生クリーム（乳脂肪分35%）**……100g**

グラニュー糖……8g

仕上げ

スポンジ生地（P.095「ブラムリーのアップルパイ」参照）＊2**……適量**

シロップ＊1

水……120g

グラニュー糖……60g

イチゴソース（P.022「いちごのイートンメス」参照）**……適量**

デコレーション用の粉糖……適量

＊1 水とグラニュー糖を鍋に入れて火にかけ、沸騰させます。冷ましてから使います。

＊2 厚さ3cmにスライスして、グラスの底の大きさに合わせて抜いておきます。

ゆるいカスタード

1 牛乳を鍋に入れ、火にかけて60℃くらいになるまで温めます。

2 ボウルに卵黄とグラニュー糖を入れ、泡立て器で白っぽくなるまですり混ぜます{a,b}。薄力粉をふるって入れ{c}、粉が見えなくなるまで混ぜます{d}。

3 1を$^{1}/_{3}$量くらい2に加えて{e}泡立て器で混ぜてから、残りも加えて混ぜ合わせ、1の鍋に漉しながら戻し入れます。バニラビーンズペーストを加えて{f}、ゴムべらで混ぜます{g}。

4 弱火にかけて、ゴムべらで混ぜながら火を入れます。途中でとろみがつき始めてダマができてきたら、そのつど泡立て器で混ぜてなめらかにします{h}。ゴムべらですくうと軽く跡が残るくらいになったら、火から下ろします{i}。鍋底に氷水を当てて、ゴムべらで混ぜながら冷まします{j}。

クリーム

1 ボウルに生クリームとグラニュー糖を入れて、ボウルの底に氷水を当てながら、泡立て器でとろんとやわらかく角が立つまで泡立てます（P.022「いちごのイートンメス」と同じように7分立てにします）。

春

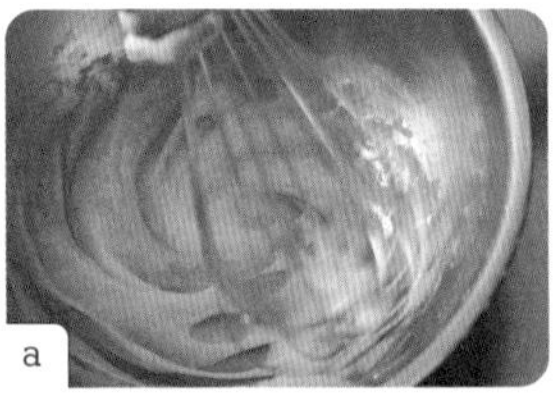
a

こんな風に白っぽくなります

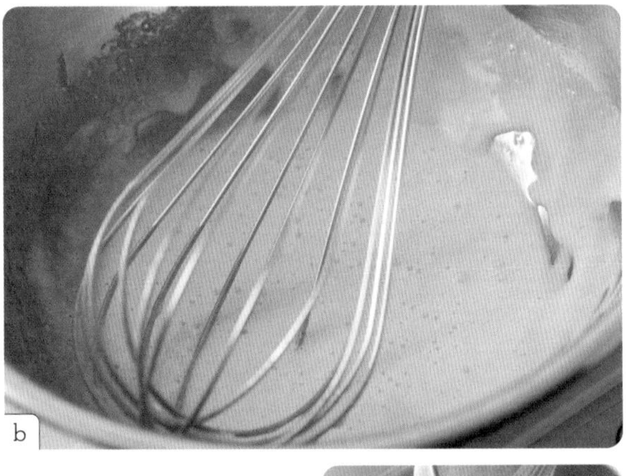
b

c

d

e

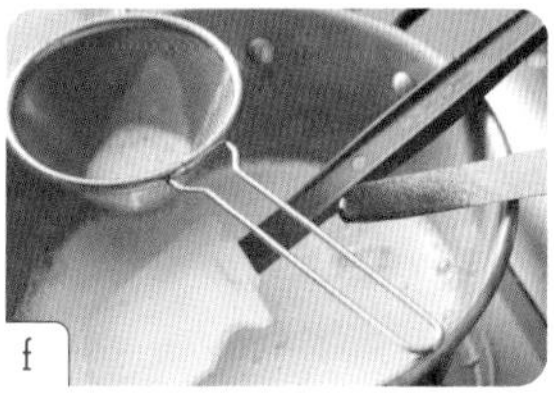

f

バニラペーストは
これくらい

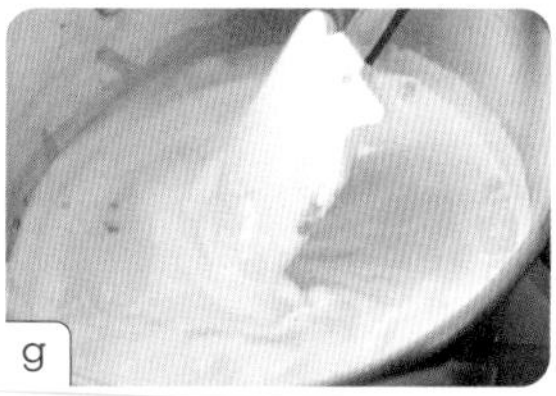

g

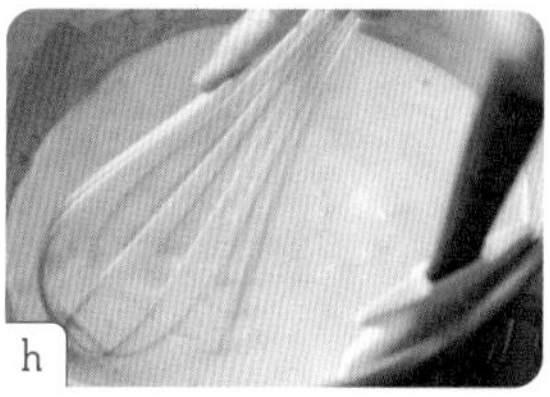

h

i

跡が残る
ようになったら
火から下ろします

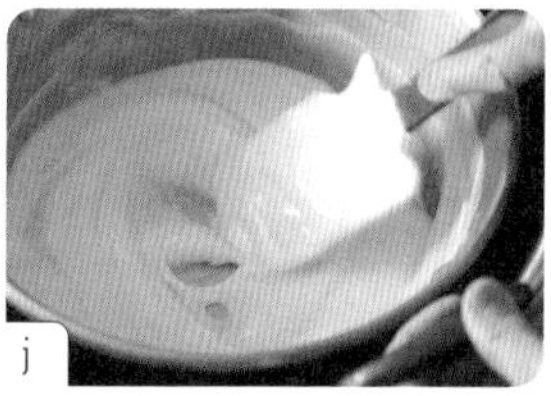

j

仕上げ

1 スポンジ生地を1枚

2 シロップをたっぷり

3 ゆるいカスタードを約40g

4 イチゴソースを約30g

5 ふたたびスポンジ生地を1枚

6 シロップをたっぷりと

7 ふたたびゆるいカスタードを約40g

8 そしてイチゴソースも約30g

9 クリームをこんもりと

10 デコレーション用の粉糖をふります

春

いちごのイートンメス

軽やかなメレンゲとクリームに
甘酸っぱいいちごソースといちごをたっぷりと。
ぱぱっとつくれるシンプルでおいしいデザートです。

つくりやすい分量
（直径6.5cm、高さ10cmのグラス）

バニラメレンゲ
（直径約2.5cm、高さ約2.5cm・25〜30個分）

卵白……75g

グラニュー糖……150g

バニラビーンズペースト……少量

いちごソース（写真は倍量）

イチゴ……200g（正味）

グラニュー糖……40g

レモン果汁……1個分

クリーム

生クリーム（乳脂肪分35%）**……250g**

グラニュー糖……10g

仕上げ

イチゴ（食べやすい大きさに切る）**……適量**

デコレーション用の粉糖……適量

＊アイスクリームをのせたり、メレンゲをチョコレート味やスパイス味にしてもおいしいです。

バニラメレンゲ

1 ボウルに卵白とグラニュー糖を入れて、高速のハンドミキサーで泡立てます。しっかりつやが出てかたく角が立ったら{a}、バニラビーンズペーストを小さなパレットナイフでひとすくいほど加え{b}、ゴムべらで底からすくい上げるようにしてざっと混ぜ合わせます{c}。

2 8切8番の星口金をつけた絞り袋に入れます{d}。オーブンペーパーを敷いた天板に直径約2.5cm、高さ約2.5cmの円柱形に絞り出します{e, f, g}。

3 130℃のオーブンで約30分焼いたら、一回扉を開けて蒸気を抜きます。さらに約30分焼き、様子を見て必要であればさらに焼いて、中までしっかり乾燥させます。指ではがしてみた時に、オーブンペーパーから軽くはがれるようなら焼き上がり{h}。そのまま冷まします{i}。湿気やすいので、冷めたらすぐに乾燥剤と一緒に密閉容器に入れて保存します。

いちごソース

1 いちごジャム（P.014）と同じようにつくりますが、火を止めるタイミングはジャムよりもやや早め。煮詰まりやすいので、とろみがついてきてイチゴの色が一段深まったらすぐに火を止めます{j}。

クリーム

1 ボウルに生クリームとグラニュー糖を入れて、ボウルの底に氷水を当てながら、泡立て器でとろんとやわらかく角が立つまで泡立てます（7分立てにします）{k}。

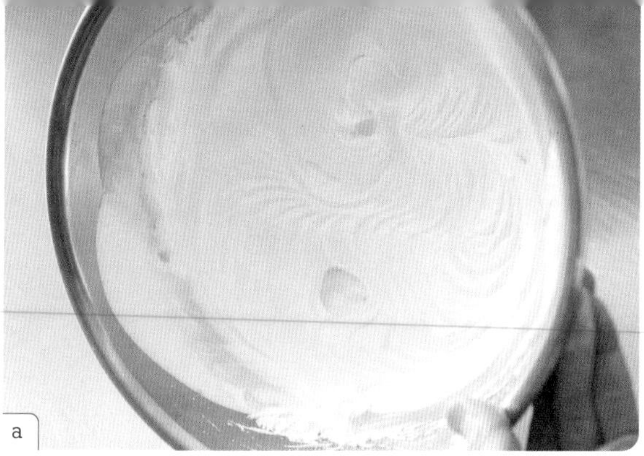
a

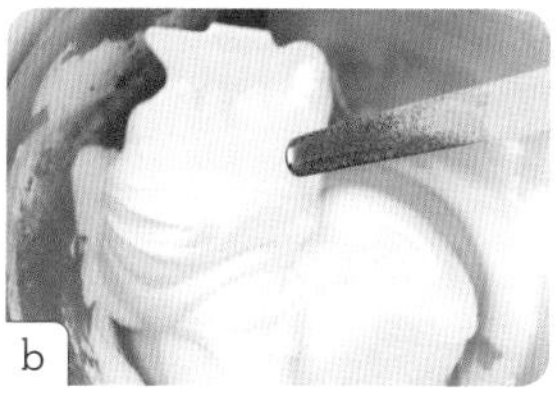
b

バニラペーストは
これくらい

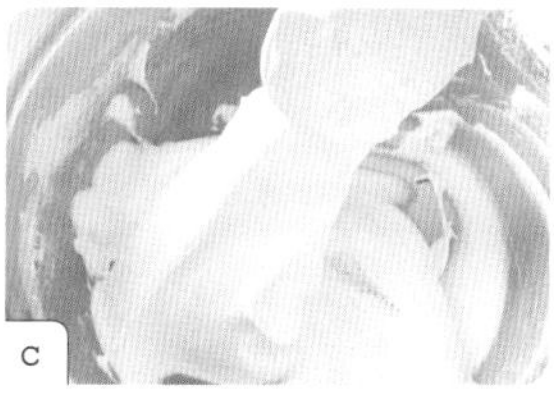
c

これくらい
固く泡立てます

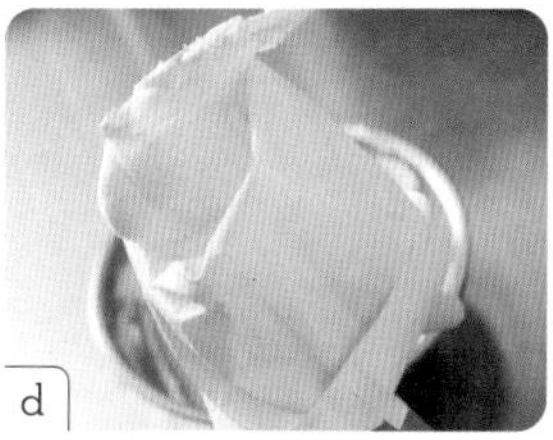
d

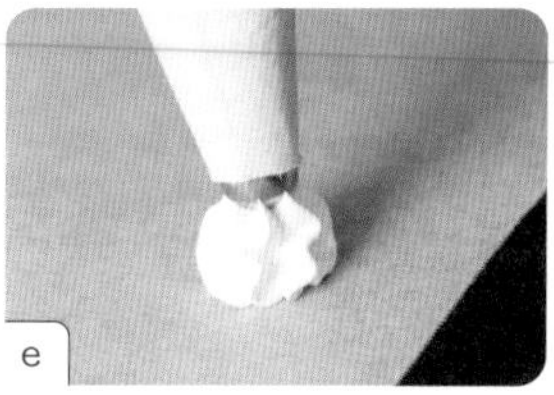
e

高さ1.5cm
↓
その上に2周

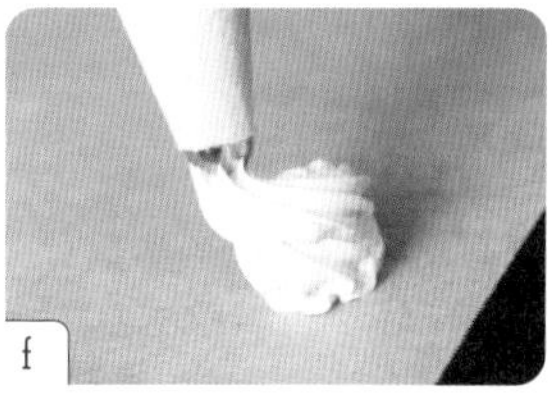
f

g

直径も高さも
2.5cmくらい

h

i

j

k

クリームは
これくらいの
ゆるさ

仕上げ

メレンゲは
いろんな大きさに
くだくとたのしい!

1 バニラメレンゲ約15g を砕いて

2 クリームを約30g

3 イチゴは4切れくらい

4 バニラメレンゲ約15g をもう一回砕き入れて

5 クリームを約20g

6 イチゴをもう4切れ

7 クリームを約20g

8 イチゴソースを約45g とクリームをふんわりと

9 デコレーション用の粉糖をふったらできあがり

できあがり!

春

春

いちごのビクトリアスポンジ

いちごのビクトリアスポンジ

イギリスのお茶の時間の定番のケーキ。
風味豊かなスポンジ生地に、甘酸っぱいいちごジャムと
ジャージーバターのクリームをサンドしました。

1台分（直径21cm、高さ7.5〜8.5cmの底つきケーキ型）

スポンジ生地

ジャージーバター（無塩。スライスして室温に戻す）……**220g**

きび砂糖……**220g**

全卵……**220g**

A **薄力粉**……**220g**

ベーキングパウダー……**9g**

いちごジャム

イチゴ……**200g**（正味）

グラニュー糖……**130g**

レモン果汁……**1/2個分**

バタークリーム（2台分）＊

全卵……**75g**

グラニュー糖……**75g**

ジャージーバター（無塩。スライスして室温に戻す）……**125g**

仕上げ

デコレーション用の粉糖……**適量**

＊残ったバタークリームは、パンに塗ったり、ビスケットにはさんだりしてもおいしいです。ラムレーズンやオレンジピールを入れるとさらにおいしくなります。

型の準備

P.146型の準備（丸型の底だけにオーブンペーパーを敷く）参照

スポンジ生地

1 ジャージーバターをボウルに入れて、泡立て器でクリーム状にします{a}。きび砂糖を加えて、白くふわっとするまですり混ぜます{b}。

2 全卵を溶きほぐし、1/3量くらいを加えてすり混ぜ{c}、生地をつなげます。

3 Aをふるって少し加え{d}、すり混ぜてしっかり生地をつなげます。

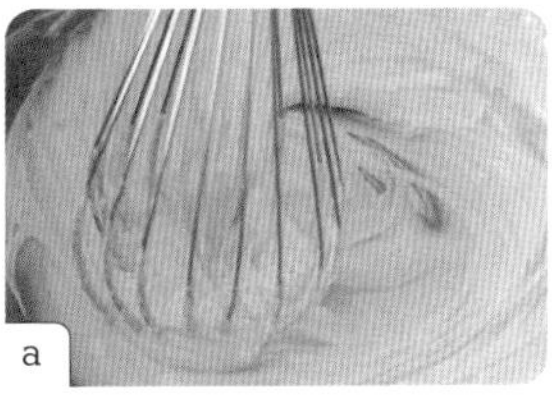
a

クリーム状

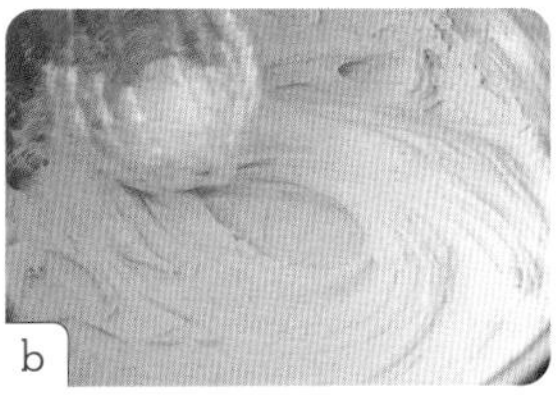
b

ふわっとするまで

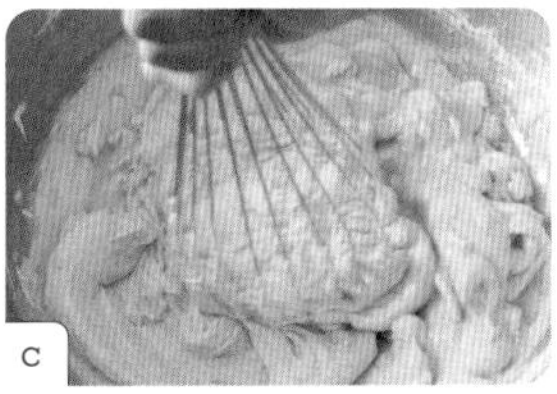
c

まずは
たまごを 1/3

d

粉を少し入れて
しっかりまぜます

春

4 2の残りの全卵は半分ずつ、3の残りのAは1/3ずつ、交互に加えて{e, f, g, h}、そのつど2~3と同じようにすり混ぜます。最後は少しつやっとするまで混ぜてから{i}、ゴムべらで底からすくい上げるようにして混ぜてムラをなくします{j}。

5 型に流し入れて、ゴムべらの先でざっと縁まで広げて平らにならします{k}。

6 155℃のオーブンで30~35分焼いた後、型の前後を返してさらに約13分、手でさわると弾力が感じられるようになるまで焼きます{l}。型に入れたまま網にのせて冷まします。

e

たまごの残りを
半分入れる

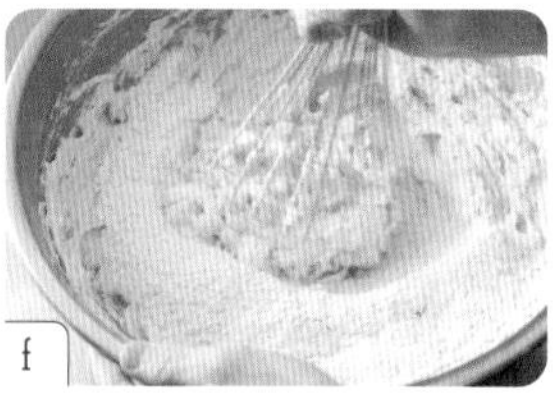

f

Aの残りを
1/3入れる

g

残りのたまごを
ぜんぶ入れる

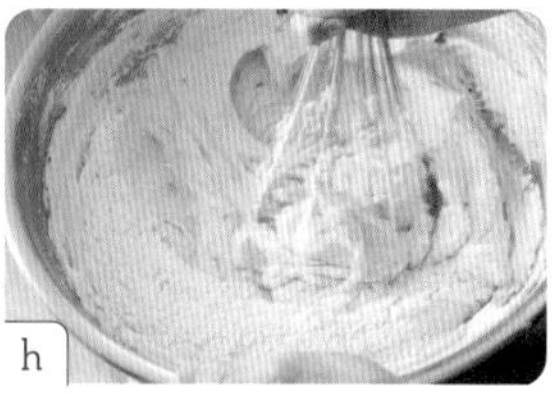

h

Aの残りを
半分ずつ入れる

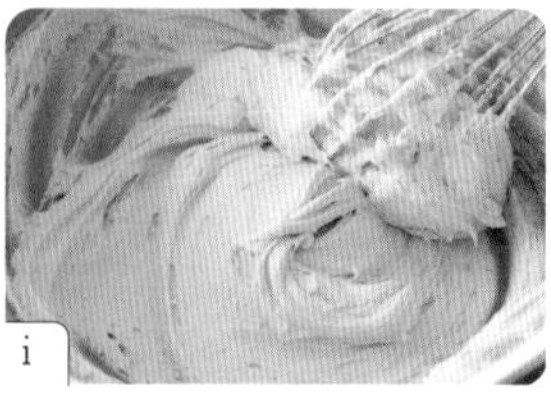

i

つやっとするまで

j

k

生地を押しつぶさ
ないように
ゴムベラの先で
ひょいひょいと
広げます

l

いちごジャム

1 P.014「いちごジャム」と同じようにしてつくります。ゆるすぎるとスポンジ生地にしみこんでしまいますが、煮すぎると煮詰まった匂いが出てしまいます。なので、P.14の「いちごジャム」よりもややしっかりとろみがついてきたら、すぐ火を止めます{m}。

m

これくらいの
とろみ

春

バタークリーム

1 ボウルに全卵を入れて、ハンドミキサーでほぐします。

2 鍋にグラニュー糖を入れて、全体に行き渡るくらいの水(分量外)を加えて中火にかけます{n}。グラニュー糖が溶けてだんだん泡が大きくなり、泡がはじけるのが遅くなってとろみがつくまで煮詰めます{o}。

3 2を1に少しずつ加えながら中速のハンドミキサーで混ぜます{p}。すべて入れ終えたら高速に。ふんわりとし、ボウルの底をさわっても熱くなく、バターを混ぜても溶けない温度になるまで泡立てます{q}。

4 ジャージーバターを別のボウルに入れて、ゴムべらでクリーム状にします{r}。これを3に約3回に分けて加え{s,t,u}、そのつど高速のハンドミキサーでつやが出て白っぽくなめらかになるまでよく混ぜます{v}。

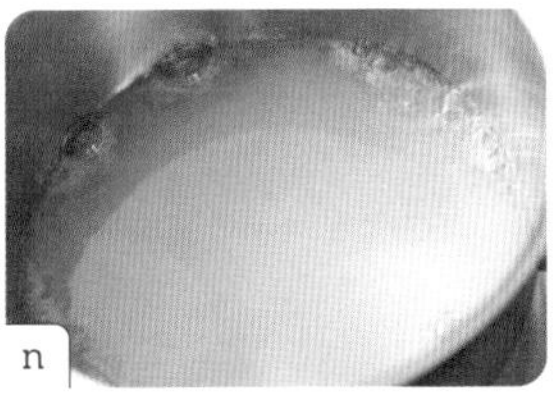
n

o

p

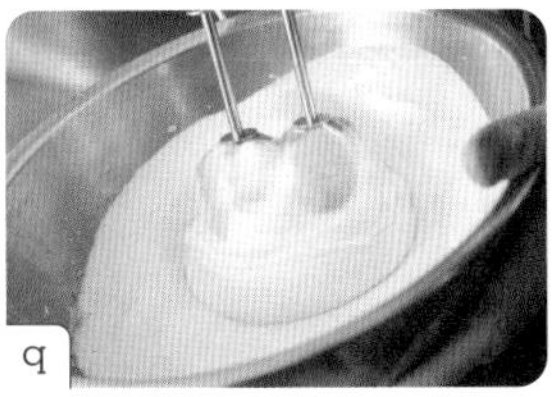
q

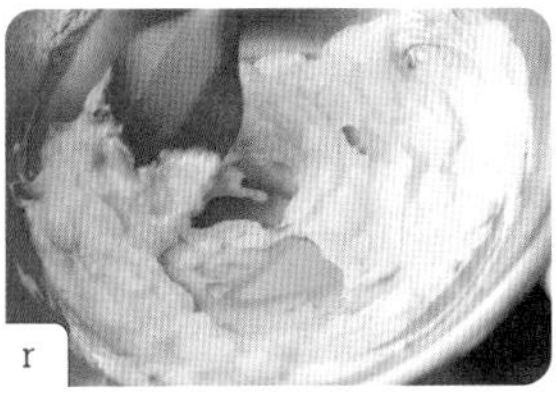
r

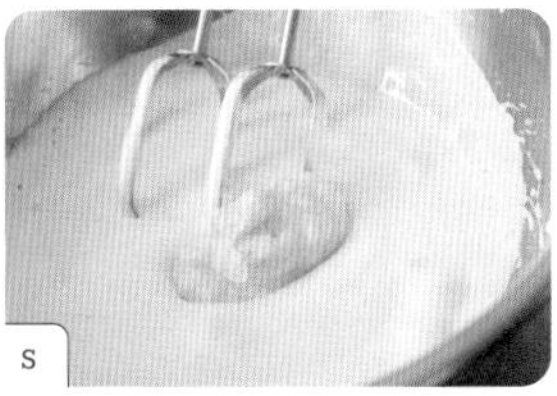
s

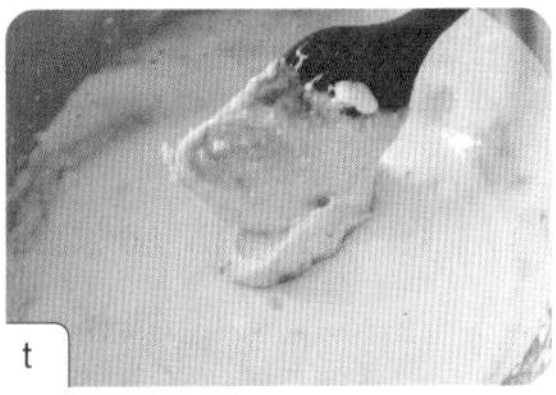
t

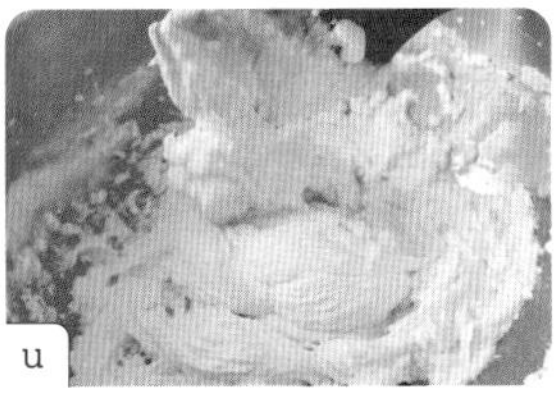
u

バターは
3回にわけて
加えます

v

仕上げ

1 型とスポンジ生地の間にペティナイフを1周差し入れて、生地を型からはずします。波刃包丁で横半分にスライスします。最初に半分の高さのところにぐるりと一周浅く切り込みを入れてから、それに沿って波刃包丁で中心まで切ると、きれいに半分に切れます。最後に底についたオーブンペーパーをはがします。

2 下のスポンジ生地の切り口にバタークリームの半量をのせて、パレットナイフで縁まで広げます{w}。その上にいちごジャムを約195gのせて、縁を少し残してざっと平らにならします{x}。バタークリームもいちごジャムも、ちょっと厚いところがあったり、薄いところがあったりするほうが食べたときに楽しいので、ムラは気にしません。

3 上のスポンジ生地をかぶせて、手のひらで押さえながらぴったりくっつくようにそっとゆすります{y}。表面にデコレーション用の粉糖をふりかけます。

w

x

y

春

ブラッドオレンジの
アップサイドダウンケーキ

オレンジのスライスが並んだ
見た目のきれいなケーキです。
イギリスで出会った
シロップしみしみのケーキをまねして、
たっぷりとシロップを打ちました。

1台分(直径24cm、高さ5.5cmの底取れ式ケーキ型)

果物

ブラッドオレンジ
……**320g**(正味)

A **きび砂糖**……**100g**
水……**100g**

型の準備

P.146型の準備(丸型の底だけにオーブンペーパーを敷く)参照

バター生地

バター(無塩。スライスして室温に戻す)
……**220g**

きび砂糖……**220g**

全卵……**220g**

B **薄力粉**……**170g**
ベーキングパウダー
……**9g**
アニスパウダー……**2.5g**
塩……**ひとつまみ強**

アーモンドパウダー(P.149)
……**50g**

果物

1 ブラッドオレンジはへたを取って、厚さ4~5mmの輪切りにします。

2 鍋にAを入れて火にかけて沸かします。少し煮詰まって泡の消え方がゆっくりになってきたら、1を加えて木べらで混ぜ、クッキングシートで落としぶたをして中火で煮ます。途中で上下を返して全部で5分ほど煮て、全体に火が通ったら火を止めて余熱でやわらかくします。そのまま冷まします。

バター生地

春

1 P.105「グラニースミスのアップサイドダウンケーキ」の「バター生地」と同じようにして生地をつくります。

仕上げ

1 煮たブラッドオレンジを網にあけて、汁は鍋に戻し入れます。型からはずしたときにきれいに見えるように、オレンジを少しずつ重ねながら型の底に隙間なく並べます。

2 1の上にバター生地を流し入れて、ゴムべらで生地を隅まで広げてざっと平らにならします。165℃のオーブンで35~40分、手でさわると弾力が感じられるようになるまで焼きます。

3 焼き上がりそうになったら、1の汁を入れた鍋を火にかけて沸かします。そのまま、泡が少しゆっくり消えるようになるまで煮詰めてシロップをつくります。

4 焼き上がったらすぐに、側面にパレットナイフを差し入れてケーキを型からはずします。ひっくり返してお皿にのせ、オーブンペーパーをはがしたら、熱いうちに3を刷毛ですべて塗ってしみこませ、そのまま冷まします。冷めてからシロップを塗ると、しみこみにくくなってしまいます。

春

ブラッドオレンジのアップサイドダウンケーキ

春

ブラッドオレンジのマフィン → P.032

春

P.034 ← オレンジのブラウニー

ブラッドオレンジのマフィン

ふんわり、しっとりしたマフィン生地に、
春先が旬の国産のブラッドオレンジを
皮ごと混ぜて焼きました。
オレンジとよく合うチョコレートと
カルダモンも入ってます。

14個分（口径7cm・底径5cm・高さ4cmのマフィン型）

バター（無塩）……175g

A 薄力粉……200g

　スペルト小麦の全粒粉……100g

　きび砂糖……180g

　ベーキングパウダー……7g

　重曹……3g

　塩……ひとつまみ

オートミール……50g

カルダモン*……小さじ1

B 牛乳……120g

　ヨーグルト……120g

　全卵……3個

ブラッドオレンジ……200g（正味）

チョコレートチップ……70g

仕上げ

ブラッドオレンジ……適量

中ザラ糖……適量

きび砂糖……適量

1 マフィン型にオーブンペーパーを敷きます。このとき、型よりもひとまわり小さいグラスを使うのが便利です。オーブンペーパーは11cmくらいの正方形に切ってグラスの底にあてて、型にぐりぐりとねじこむと、きれいに敷けます{d, e, f}。

2 バターはスライスしてボウルに入れ、湯せんにかけて溶かします。余熱で溶けきるくらいまで溶けたら、湯せんからはずします。

3 ボウルにAをふるい入れ、オートミールとすりつぶしたカルダモンを加えて泡立て器で混ぜます。

4 別のボウルにBを入れて泡立て器で混ぜ、2を加えてすり混ぜます{g}。とろっとした状態になったら{h}、3に加え{i}、つやが出るまですり混ぜます{j}。

5 ブラッドオレンジ（200g）は縦8等分に切ってから、厚さ約5mmのイチョウ切りにしたものを使います。チョコレートチップと一緒に4に加え、ゴムべらですくい上げるようにして混ぜます{k, l}。

仕上げ

1 型に生地を95gずつ流し入れます。仕上げ用のブラッドオレンジ（適量）は縦4等分に切ってから、厚さ約3mmのイチョウ切りにして1切れずつのせ、中ザラ糖ときび砂糖をひとつまみずつふります{m}。中ザラ糖はジャリッとした食感をくれて、きび砂糖は表面をパリッとさせてくれます。

春

2 190℃のオーブンで約20分焼いて型に入れたまま冷まします。

カルダモンのつぶし方

a

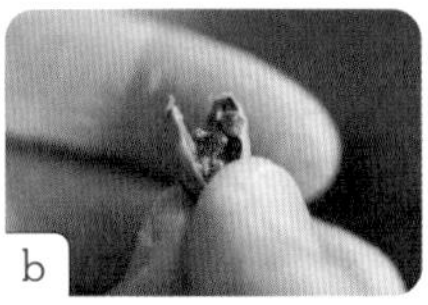

b

c

*乳鉢にホールを入れて乳棒でざっとつぶし{a}、殻から種を取りだします{b}。乳鉢に種だけを戻し、乳棒で粗めにすりつぶしたもの{c}を小さじ1用意します。パウダー状のものを使うよりも香りがしっかり感じられます。殻はとっておいてチャイなどに使うとよいです。

d

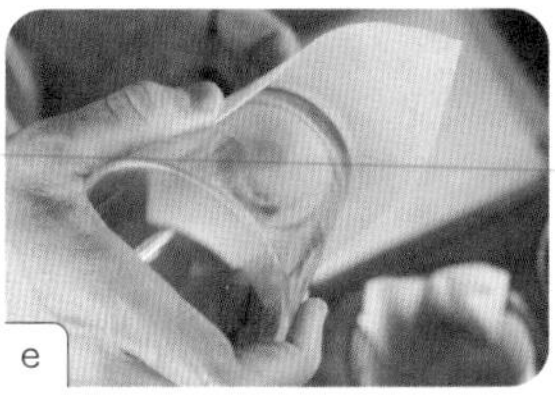
e

f

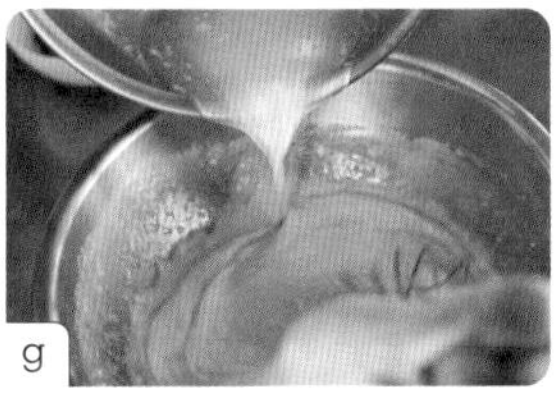
g

h

とろっとしたら

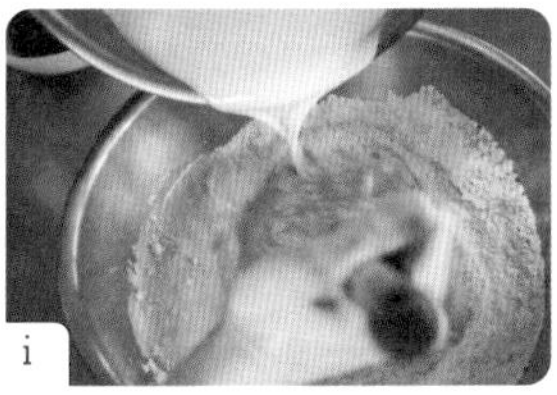
i

半分の
ボウルに
入れる

j

つやがでたら
混ぜおわり

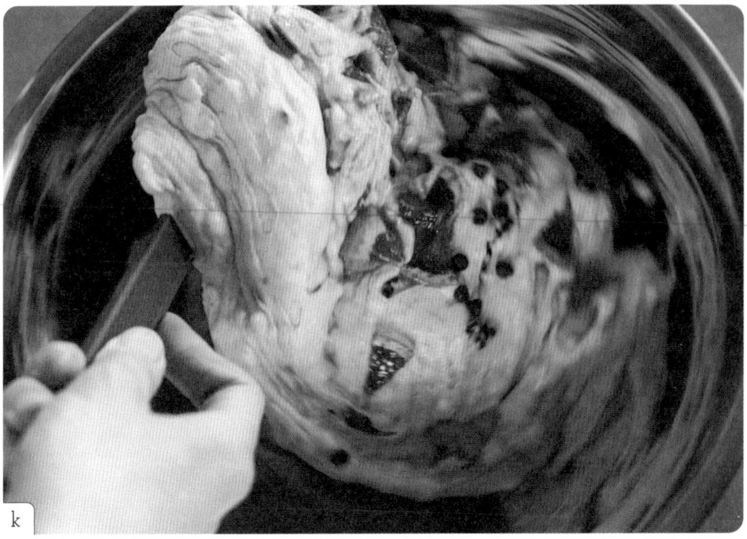
k

すくい
混ぜます

l

m

焼きあがり！

春

オレンジのブラウニー

オレンジとチョコレートは好きな組み合わせのひとつ。
果汁が生地に入ってじっとりしたところと、
カリッと焼けたところが、
口の中で合わさるのが楽しいです。

1台分
(20×20cm、高さ4cmのスクエア型)

バター(無塩)……**150g**

ブラウンシュガー……**200g**

ビターチョコレート
……**150g**

全卵……**150〜155g**

A **薄力粉**……**50g**
カカオパウダー……**30g**
ベーキングパウダー
……**4g**
塩……**2つまみ**

オレンジ＊1……**約130g**(正味)

＊1 このときはブラッドオレンジを使いましたが、ほかのオレンジでつくってもおいしいです。

型の準備

P.146型の準備(スクエアの型の底だけにオーブンペーパーを敷く)参照

1 ボウルにバター、ブラウンシュガー、チョコレートを順に重ねて入れ、湯せんにかけます{a}。溶けたバターの熱でチョコレートが溶けていくようにしたいので、この順番で重ねています。バターが溶けて、チョコレートがやや溶け残っている状態になったら、湯せんからはずして泡立て器で混ぜ{b}、つやが出た状態にします{c}。

2 溶きほぐした全卵を加えて{d}、泡立て器でなめらかになるまで混ぜます。混ぜていくといったんぶりんぶりんになって{e}、さらに混ぜるとなめらかになります{f}。

3 Aをふるい入れて、粉を生地に巻き込みながらぐるぐると混ぜます{g}。粉が見えなくなってつやが出たら{h}、ゴムべらで底からすくい混ぜてムラをなくします。

4 型に流し入れて{i}、ゴムべらで型の隅まで広げ{j}、厚さ4~5mmの輪切りにしたオレンジを並べてのせます。

5 150℃のオーブンで約40分、竹串を刺してみてネチッとした生地がついてくるまで焼きます。竹串に何もついてこなくなったら焼きすぎで、透明感のあるさらっとした生地がついてくるときはもう少し焼きます。焼けたら、型に入れたまま冷まします。

春

重ねる順番が
とっても大切！

a

b

c

d

e

いったん
ぷりんぷりんに

f

さらに混ぜると
なめらかに

ぐるぐると
粉を
巻き込む感じで

g

h

つやつやに

i

j

角に向かって
ゴムべラを
うごかして
生地を広げます

春

いちごとミントのブロンディ

ブロンディは、
ホワイトチョコレートのブラウニー。
まったりとしたやわらかい甘さに
いちごの酸味とミントの
さわやかさを合わせました！

1台分
（20×20cm、高さ4cmのスクエア型）

バター（無塩）……**110g**

きび砂糖……**180g**

ホワイトチョコレート
……**185g**

全卵……**115g**

A **薄力粉**……**190g**
ベーキングパウダー
……**小さじ1**（2.5g）

ミント
……**小さい葉を約30枚**

イチゴ……**100g**（正味）

型の準備
P.146型の準備（スクエア型の底だけにオーブンペーパーを敷く）参照

1 P.087（いちじくのブロンディ）の1〜3と同じようにして生地をつくります{a,b}。

2 型に生地を流し入れて、ゴムべらで型の隅まで広げます{c}。ミントの葉を散らし、ヘタを取って縦4等分〜半分に切ったイチゴを、切り口を上にしてランダムにのせます。

3 155℃のオーブンで約30分焼いてから、150℃に下げてさらに約20分焼きます。竹串に何もついてこなくなったら焼きすぎで、透明感のあるさらっとした生地がついてくるときはもう少し焼きます。型に入れたまま冷まします。

b

a

c

春

春

いちごとルバーブ、ブラッドオレンジのクランブルトレイベイク

旬の果物をぜいたくに入れた、
いろんな味と香り、食感が楽しめる
お祭りみたいなトレイベイクです！

1台分
（22×22cm、高さ4.5cmのスクエア型）

ショートブレッド生地

P.070（パイナップルとココナッツのトレイベイク）と同じもの。

クランブル

スペルト小麦の全粒粉……60g

きび砂糖……45g

バター（無塩。スライスして冷やす）**……45g**

オートミール……30g

バター生地

バター（スライスして室温に戻す）**……120g**

きび砂糖……120g

全卵……80g（約1.5個分）

A **薄力粉……110g**

スペルト小麦の全粒粉……15g

ベーキングパウダー……4g

塩……ひとつまみ

仕上げ

ローズマリーの葉……適量

ルバーブ……90g（正味）

イチゴ……90g（正味）

ブラッドオレンジ……90g（正味）

型の準備

P.146型の準備（スクエア型・パウンド型）参照

クランブル

1 オートミール以外の材料をフードプロセッサーに入れて、全体がさらさらになって少し生地同士がくっつき始めるまで回します。

2 ボウルに移してオートミールを加え、指でもむようにしてしっとり、ほろほろするまでなじませます。大きさが違う塊が混ざり合っているほうが、食感が楽しくなります。

バター生地

1 ボウルにバターを入れて、泡立て器でクリーム状にします。きび砂糖を加えて、ざらっとした感じがなくなるまですり混ぜます。

2 溶いた全卵を加え、なめらかで少しぷりっとしたクリーム状になるまで泡立て器ですり混ぜます。

3 Aをふるって1/3量くらいずつ加え、そのつどすり混ぜてしっかり生地をつなげます。少しつやっとしてきたら、ゴムべらで底からすくい上げるようにして混ぜてムラをなくします。

春

仕上げ

1 バター生地をショートブレッド生地の上に移し、ゴムべらで型の角まで広げてざっとならします。その上にローズマリーの葉を散らします。ルバーブは根元のかたい部分と葉を切り落として筋を軽く取り、長さ約2cmに、イチゴは縦半分に切って、順に散らします。

2 ブラッドオレンジは縦6等分に切ってから、厚さ5mmのイチョウ切りにします。これを生地に刺すようにしてのせ、間にクランブルをのせます。165℃のオーブンで約50分焼いて、型に入れたまま冷まします。

春

いちごとルバーブ、ブラッドオレンジのクランブルトレイベイク

初夏には、さわやかなものが食べたくなります。5月になるといちごと入れかわるように国産のルバーブが出まわりはじめますが、おかしに酸味や青々しさやさわやかさを与えてくれて、ジャムにするのも大好きです。昔は日本ではあまり手に入らなくて、どんなものなんだろうとあこがれていました。アルザスの山の中の焼き菓子屋さんで食べた焼きっぱなしのルバーブのタルトがとってもおいしかったのが今でも印象的です。

この季節、ルバーブのほかによく使うのがベリー。お店ではブルーベリー、スグリ、ラズベリーなどをよく使います。酸味があって味のアクセントになるし、色がかわいくてブラウニーやトレイベイクが華やかになります。さわやかな味わいは、本当に初夏によく似合うと思います。

夏の果物のなかで好きなのは〝ストーンフルーツ〟です。これは、種の入ったかたい核が果肉の中心にある果物のことで、わたしは英語のおかしの本でこの言葉を知りました。よく使うのはプラム、アプリコット、ネクタリンといった酸味のしっかりとしたもの。おかしにさわやかさが加わって、焼くと果汁が生地にしみてしっとりします。「これはかたいよ」って八百屋さんが言うような品種は、皮の渋いところから味が出て、焼き菓子をおいしくしてくれます。生地にはナッツの粉を何かしら配合することが多いです。コクやかたさが加わり、生地がちょっと詰まった感じになって、焼いたときに出る果汁をしっかりと受け止めてくれます。

南国系の果物だと、パイナップルやパッションフルーツをよく使います。パイナップルは火を入れると香りがすごくよいところが好きです。なかでもココナッツの生地にパイナップルの果汁がしみていくのが好きで、このふたつをついついよく合わせてしまいます。

夏

ネクタリン

7月から9月にかけて、ストーンフルーツのなかでも最後のほうに出てくるのがネクタリンです。果肉が黄色くてかためで、水分が多すぎないので、焼き込んでも味がぼんやりせず、はっきりするところが好きです。トレイベイクにすると、種のまわりがピンク色でかわいくて、甘めの香りと酸味があります。そのほか、タルトやジャムにも。ブルーベリーやスパイス、ハーブと合わせるのもおすすめです。

プラム

6月から8月にかけて、いろいろな品種が次々に出ては終わっていきます。一番好きな品種は、酸味が強くて香りがよく、すっきりとした「大石早生」です。プラムはしょうがやコリアンダーシードなどのさわやかな香りのものとも合うし、チョコレートやカカオニブなどの濃厚な味わいのものも支えられるのがいいところ。他のストーンフルーツやベリーと組み合わせて焼き菓子にするほか、アイスクリームやジャムにも。

アプリコット

アプリコット(あんず)は、小ぶりで酸味がはっきりしているものを選びます。トレイベイクやタルト、ジャムのほかブラウニーにも。シンプルに風味を生かしたいけれど、アクセントもつけたいので、スペルト小麦やアーモンドを合わせたり、ルバーブやプラム、レモンなどタイプの違う酸味をもつ果物と合わせたりします。旬が6月から7月の約1ヶ月間と短いので、見つけたらすぐ使うようにしています。

小夏

グレープフルーツみたいなさわやかさがあって、苦みが少ないのが小夏のいいところ。「日向夏」、「ニューサマーオレンジ」とも呼ばれていて、3月半ばから7月頃まで出回ります。日本の他の柑橘と同じように、味も風味もちょっとやわらかくて繊細ですが、あまり難しく考えなくても、いい味を出してくれるので、使っていておもしろいです。ジャムはもちろん、タルトにも。イチゴやペッパーを合わせるのもいいと思います。

パイナップル

国産は7月から9月が旬です。皮が写真のように黄色くなり、華やかな香りがしてきたものを使います。香りがまだ弱いなら涼しい場所に置き、香りが強くなってきたら、使うまでは冷蔵庫で保管します。置いておく間に酸味がやわらかくなりすぎることもあるので、加減が難しいです。バナナやベリー、ミントやマダガスカルペッパーなどを合わせてトレイベイクにするほか、ジャムにもします。

ルバーブ

ルバーブは、味がはっきりしていて酸味とさわやかさがしっかりあるものが好きです。今回は赤みの強いものを使いましたが、青いものを使うこともあります。チャツネやジャムにするほか、タルト、アーモンドのケーキ、トレイベイク、ブラウニーなどにフレッシュをのせたり混ぜたりして焼くことも多いです。いちごやオレンジと一緒に使ってもおいしいですし、しょうがと一緒にジャムにするのもおすすめです。

ラズベリー

ブラウニーやトレイベイク、マフィンなど、酸味と色みのアクセントとしてなんにでも使います。ちょっと焦げやすいので、高い温度で焼くお菓子に使うときは生地に混ぜ込んだりして表面に出ないようにします。ラズベリーだけでも使いますが、ほかのベリーや果物と組み合わせたりもします。

パッションフルーツ

ちょっと暑くなると食べたくなるのが、パッションフルーツです。独特の香りがよくて種の食感も好き。焼き菓子に入れても味や香りが負けなくて、食べた時に急にカリッと歯に当たって、まわりに香りが広がるところがいいと思います。できるだけ国産を使うようにしていて、旬は5月から8月。チョコレートケーキやトレイベイクに入れたり、トライフルやイートンメスにかけたり、アクセントとしても使いやすいです。

夏

アプリコット クランブル タルト → P046

P.049 ←― アプリコットとアーモンドのトレイベイク

アプリコットクランブルタルト

タルトは、果物の果汁がアーモンドのクリームにしみて広がる風味が好きです。
なかでもアプリコットとアーモンドの相性はとてもよく、その相性のよさを楽しめる配合にして、さらにシードミックスで香ばしさを少し加えたのがこのタルトです。

タルト生地

1 バター、きび砂糖、塩、ふるったAをフードプロセッサーに入れて、全体がさらさらになるまで断続的に回します{a}。

2 全卵を割り入れて、ひとまとまりになるまで回します{b}。ボウルに移し、カードで生地の一部を切り分けては重ねて、生地のムラをなくします。ラップフィルムで包んで平らにし{c}、冷蔵庫でかたくなるまで1時間くらい休ませます。

a

さらさらに

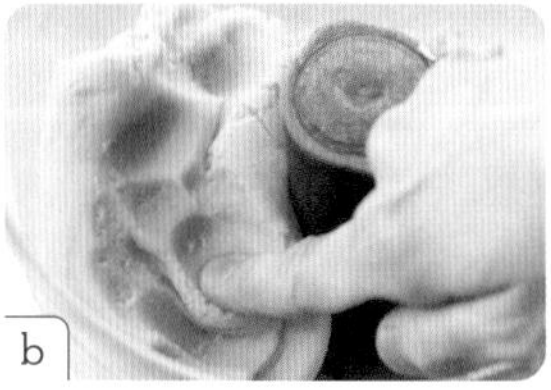

b

夏

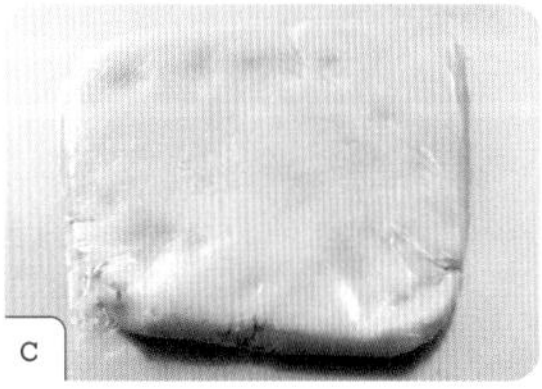

c

平らにします

1台分（直径24cm、高さ2.5cmの菊型のタルト型）

タルト生地（2台分）＊1

バター（無塩。スライスして冷やす）……**125g**

きび砂糖……**125g**

塩……**1g**

A **薄力粉**……**250g**

ベーキングパウダー……**1g**

全卵……**1個**

アーモンドクリーム

バター（無塩。スライスして室温に戻す）……**125g**

きび砂糖……**125g**

全卵……**1個**

B **アーモンドパウダー**……**125g**

薄力粉……**25g**

クランブル

薄力粉……**60g**

きび砂糖……**45g**

バター（無塩。スライスして冷やす）……**45g**

シードミックス（P.058）……**30g**

仕上げ

アプリコット（あんず）……**250g**（正味）

＊1 タルト生地は2台分でつくるほうがうまくいくので、これだけ2台分の分量です。余ったものは冷凍保存できます。使うときは冷蔵庫で解凍してください。

型の準備

タルト型に、室温に戻したバター（分量外）を刷毛で塗って、冷蔵庫に入れておきます。

アーモンドクリーム

1 ボウルにバターを入れて、泡立て器でクリーム状にします{d}。きび砂糖を加えて、白っぽくなるまですり混ぜます{e}。

2 全卵を溶きほぐして加え、ぷりんとするまでよくすり混ぜます{f}。

3 ふるったBを半量ずつ加えて、そのつどよくすり混ぜてしっかりつなげます{g}。最後にゴムべらで底からすくい上げるようにして混ぜて{h}、ムラをなくします。

d

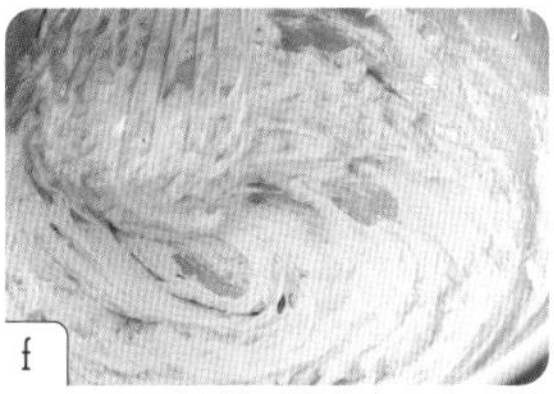
f

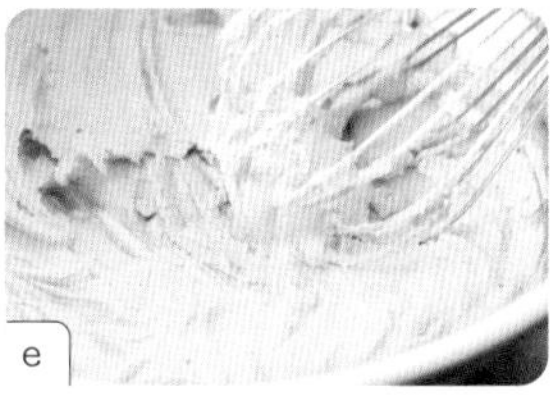
e

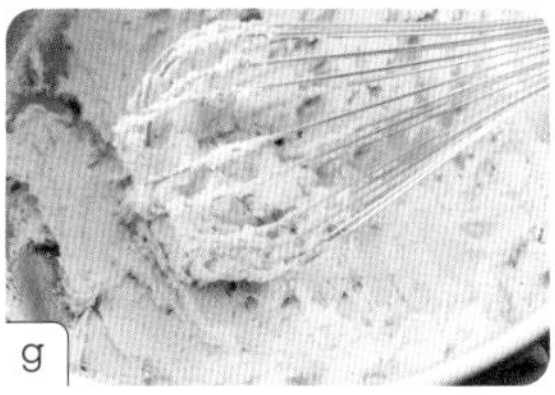
g

h

クランブル

1 つくり方はP.038(いちごとルバーブとブラッドオレンジのクランブルトレイベイク)の「クランブル」と同じですが、スペルト小麦の全粒粉は薄力粉に、オートミールはシードミックスに代えてつくります。

仕上げ

1 タルト生地1台分(分量の半分)を台に取り出して適当な大きさに割り、それぞれを手のひらでつぶしてかたさをとり、次にそれらを重ねてさらにつぶしたりこねたりして、全体が同じやわらかさになるようにします{i}。

2 ざっと俵型にまとめて、立てて台に置き、上から手のひらで押しつぶし{j}、厚みのある円盤状にします{k}。さらに上から指で押さえてざっと薄くします。

3 打ち粉をふり、途中で生地を回転させながら麺棒でのばし{l}、型よりひとまわり大きいくらいにします{m}。

4 生地を麺棒に巻きつけて持ち上げ、タルト型にかぶせます{n}。生地の縁を持ち上げて底の角まで生地を入れ込み{o}、側面を指で押さえてぴったりくっつけるようにするとうまく敷けます。縁にはみ出した余分な生地は、型の高さに合わせて内側に折り、指で押さえてくっつけます{p}。

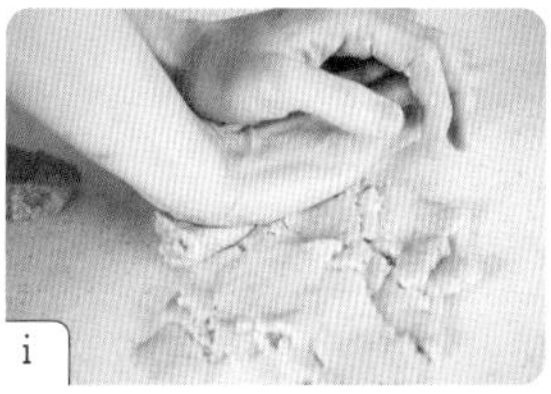
i

m

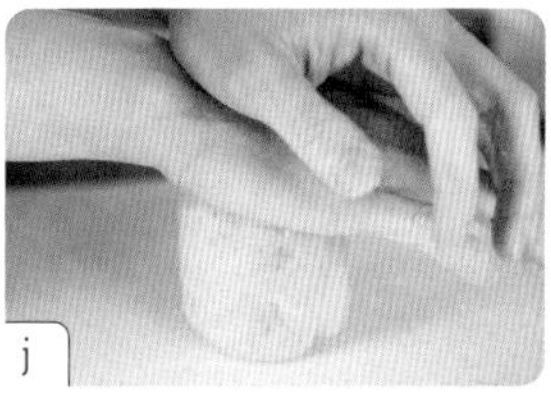
j

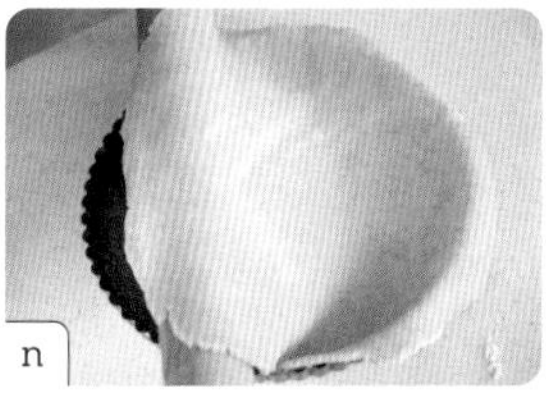
n

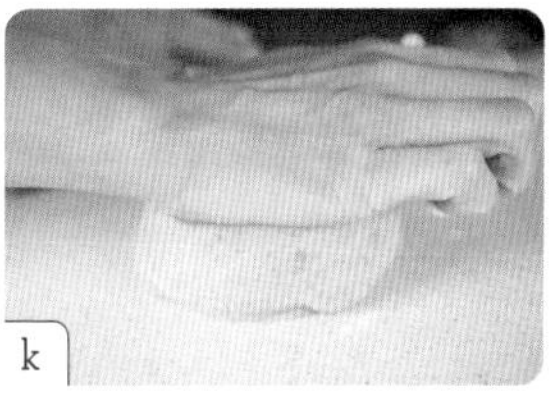
k

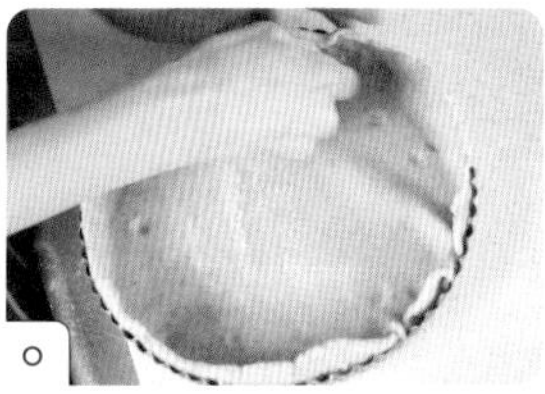
o

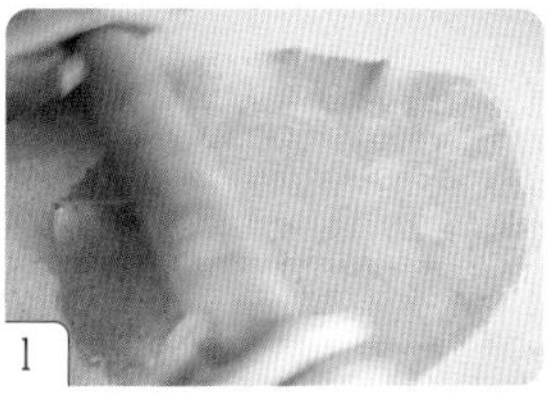
l

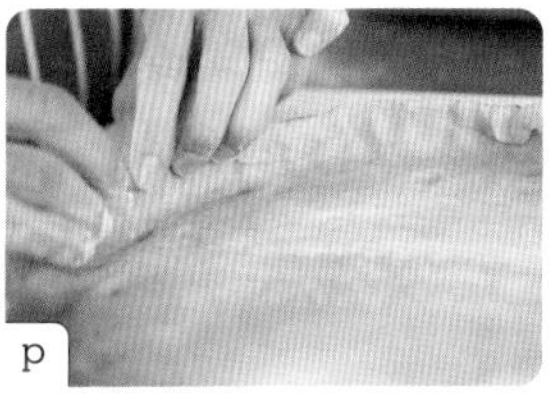
p

5 フォークで底に穴をあけ{q}、アーモンドクリームを移し{r}、L字形のミニパレットナイフなどやゴムべらで隙間なく広げてざっと平らにならします{s, t, u}。

6 アプリコットは、ペティナイフで割れ目に沿ってぐるりと1周切り込みを入れ、両手でもって互い違いに軽く実をねじって半分に分けます。種を取り除いて縦4等分になるよう切り、切り口を上にしてアーモンドクリームの上にランダムにのせます{v}。さらにクランブルをのせます{w, x}。

7 165℃のオーブンで約50分焼いて{y}、型に入れたまま冷まします。

q

r

クリームを
まんなかに

s

広げます

t

端まで広げて

u

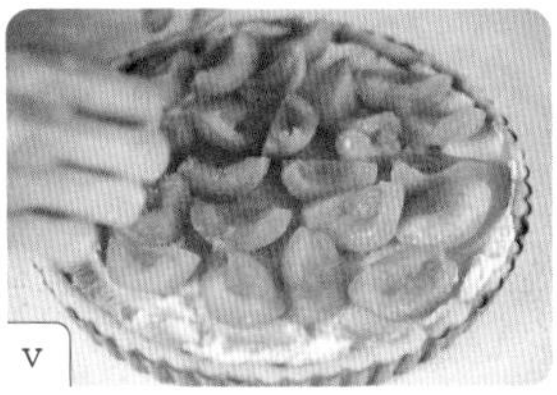
v

切り口が上!

w

アプリコットのすきまを
うめるように
クランブルをのせます

x

y

夏

アプリコットと
アーモンドのトレイベイク

アプリコットの短い旬を楽しみたくて、
ほかのものをあまり混ぜずに、
シンプルなトレイベイクにしました。
アプリコットの酸味を
フェンネルシードの甘みが
やさしく追いかけます。

1台分（22×22cm、高さ4.5cmのスクエア型）

ショートブレッド生地

P.070（パイナップルとココナッツのトレイベイク）の「ショートブレッド生地」の、スペルト小麦の全粒粉を小麦の全粒粉に代えてつくります。

バター生地

P.038（いちごとルバーブ、ブラッドオレンジのクランブルトレイベイク）と同じもの。

仕上げ

アーモンド（皮つきのホール）……**60g**

アプリコット（あんず）……**約5個**

フェンネルシード（つぶしたもの）……**小さじ1**

きび砂糖……**大さじ1**

型の準備

P.146型の準備（スクエア型・パウンド型）参照

1 アーモンドは熱湯に浸けてしばらくおきます。浸けている間に2と3の作業を進めます。アーモンドの皮がふやけたら、指ではさんで実を押し出すようにして皮をむき、厚めにスライスします。

2 焼いて冷ましたショートブレッド生地の上にバター生地を移し、ゴムべらで型の角まで広げてざっとならします。

3 アプリコットは、ペティナイフで割れ目に沿ってぐるりと1周切り込みを入れ、両手で持って互い違いに実を軽くねじって半分に分けます。種を取り除いて縦4等分になるように切り、切り口を上にして2の上にランダムにのせます。

4 1を散らし、つぶしたフェンネルシード、きび砂糖を順にふりかけます{a, b}。きび砂糖をふりかけて焼くことで、アプリコットの切り口から水分がにじみ出てきて、アプリコットがおいしそうに焼けます。きび砂糖が焦げるのも魅力です。

5 170℃のオーブンで約30分焼き、165℃に下げてさらに15〜20分焼きます{c}。型に入れたまま冷まします。

切り口が上！

a

b

c

夏

050　ネクタリンのカスタードタルト → P.052

P.054 ←— ネクタリンのクランブル

ネクタリンのカスタードタルト

ネクタリンをざくざく切って
タルト生地にのせ、
カスタードを流して焼きました。
ネクタリンの酸味と香りが
バニラのカスタードと合わさって、
やさしい味わいが広がる、
食感のコントラストの楽しいタルトです。

1台分（直径24cm、高さ2.5cmの菊型のタルト型）

タルト生地

P.046（アプリコット クランブル タルト）と同じもの。

カスタード

全卵……**100g**

グラニュー糖……**100g**

バニラビーンズペースト
……**少量**

薄力粉……**25g**

生クリーム（乳脂肪分35%）
……**175g**

仕上げ

ネクタリン……**250g**（正味）

きび砂糖
……**適量**（大さじ約$1\frac{1}{2}$）

型の準備

タルト型に、室温に戻したバター（分量外）を刷毛で塗って、冷蔵庫に入れておきます。

カスタード

1 全卵をボウルに入れて、泡立て器で溶きほぐします。グラニュー糖を加え、バニラビーンズペーストもパレットナイフの先でひとすくい加えて、コシが切れるまでよく混ぜます。

2 薄力粉をふるって加え、ダマができないようにぐるぐると混ぜます{a}。

3 生クリームを注ぎ入れながらムラなく混ぜ{b}、網で漉します{c}。

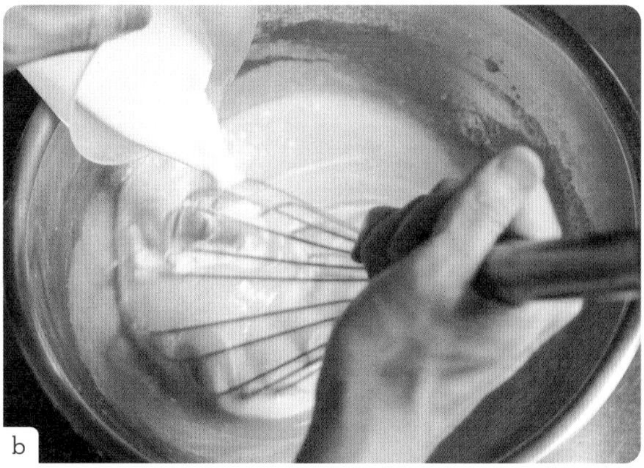
b

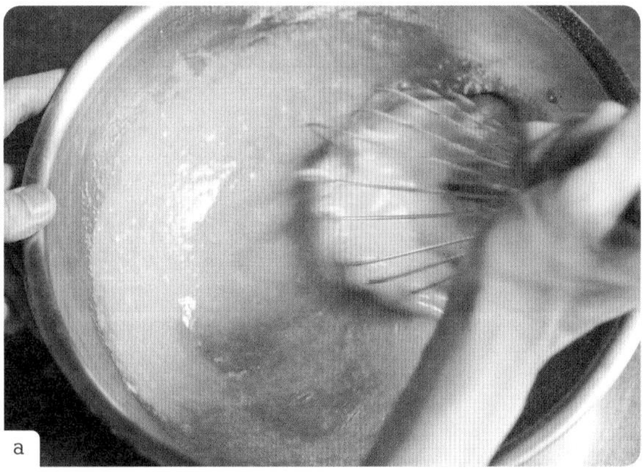
a

c

仕上げ

1 P.046（アプリコット クランブル タルト）の仕上げ1〜4と同じようにしてタルト生地を型に敷き込みます。

2 ネクタリンは、ペティナイフで割れ目に沿ってぐるりと1周切り込みを入れ{d}、両手で持って互い違いに実を軽くねじって半分に分けます{e}。縦4等分になるように切って種を取り除き、厚さ約1cmの乱切りにします{f, g, h, i}。

3 ネクタリンをタルト生地にのせ、カスタードを静かに流し入れて{j}、きび砂糖をざっとふりかけます{k}。焼く前にきび砂糖をふることで、おいしそうな焼き色がつきます。

4 165℃のオーブンで40〜45分焼きます。傾けても流れなくなったら、焼き上がり。型に入れたまま冷まします。

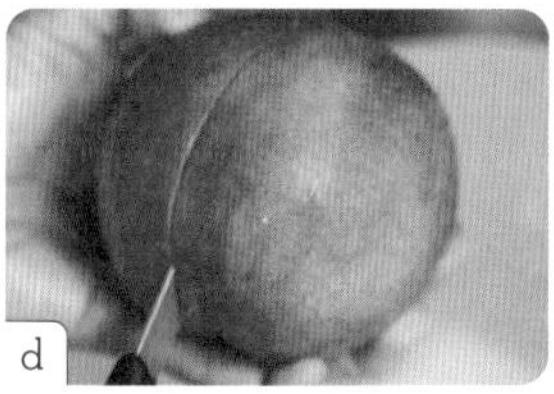
d

半分に割って

e

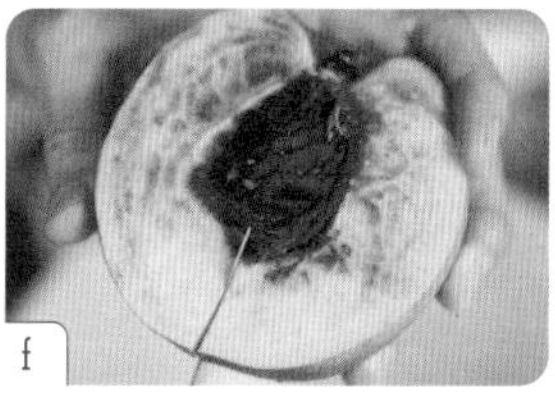
f

たねにそって
切り込みをいれて

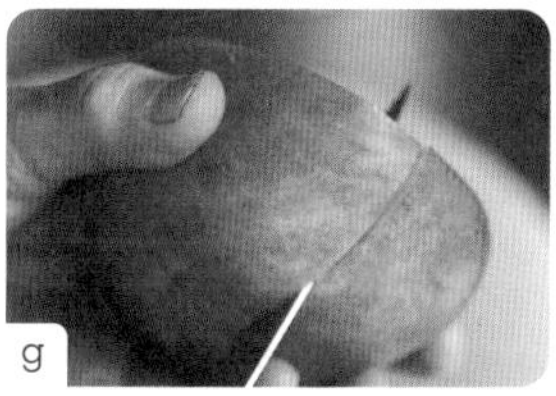
g

h

くし形
切りに！

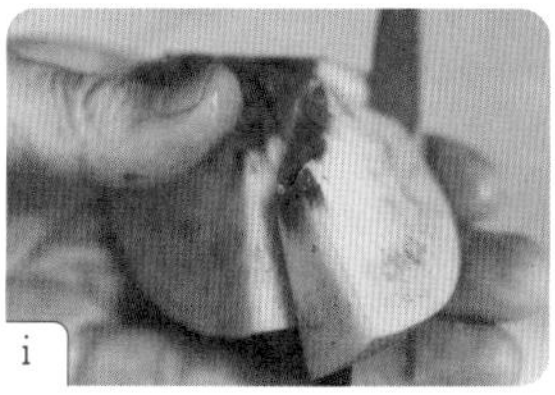
i

スライスします

j

きび砂糖も！

k

焼きあがり！

l

夏

ネクタリンのクランブル

ネクタリンにクランブルをのせて焼いた
あつあつのデザートに、
ヘーゼルナッツのアイスクリームを合わせました。
生クリームとヨーグルトを混ぜたものや
カスタード、クロテッドクリームなどと
合わせてもおいしいです。

4人分(上直径11.5cm、底直径7.5cm×高さ6cmのホウロウのボウル)

果物

ネクタリン……500g(正味)

レモン……1個

きび砂糖……40g

しょうがのシロップ煮(P.062(ルバーブのチャツネ)参照)……**30g**

クランブル

薄力粉……140g

きび砂糖……85g

バター(無塩。スライスして冷やす)……**100g**

シードミックス(P.058)……**25g**

果物

1 ネクタリンは、ペティナイフで割れ目に沿ってぐるりと1周切り込みを入れ、両手で持って互い違いに実を軽くねじって半分に分けます。種を取り除いて縦4等分になるよう切り(P.053参照)、厚さ約1cmの乱切りにしてボウルに入れます。

2 レモンはぬるま湯で洗ってから、皮をできるだけ白い部分が入らないように薄くむいて、食感が残る程度に粗くきざみます。1に加えます。

3 皮をむいたレモンは、果肉を房から取り出して細かくちぎります。残った薄皮を手でぎゅっと握って果汁を搾り、果肉と一緒に1に加えます。レモンの汁だけでなく皮と果肉も入れることで、レモンが強く感じられる部分と弱く感じられる部分が生まれて、味に面白みが出ます。

4 きび砂糖としょうがのシロップ煮も加えて、ゴムべらで混ぜ合わせます。少し汁気が出るまで冷蔵庫で30分ほど寝かせます。

クランブル

1 シードミックス以外の材料をフードプロセッサーに入れ、全体がさらさらになって、少し生地同士がくっつき始めるまで回します。

2 ボウルに移してシードミックスを加え、指でもむようにして、しっとり、ほろほろするまでなじませます。大きさの違う塊が混ざり合っているほうが、食感が楽しくなります。

仕上げ

1 ホウロウのボウルの内側に、室温に戻したバター(分量外)を刷毛で薄く塗り、寝かせたネクタリンを約160gずつ入れます。クランブルを約90gずつのせて、ふたをするように全体にかぶせて指先で軽く押さえます。クランブルでしっかり覆って焼くと、中の果物が蒸し焼きされておいしくなります。

2 170℃のオーブンで20〜25分焼きます。焼きたての熱いうちに、ヘーゼルナッツやバニラのアイスクリーム(分量外)をのせます。

ジンジャーレモンシロップ

つくりやすい分量

きび砂糖……**大さじ2〜3**
レモン……**2個**
ショウガ……**約10g**
お湯……**20cc**

1 ボウルにきび砂糖を入れてレモンを搾り入れ、泡立て器で混ぜます。

2 皮つきのまま薄切りにしたショウガとお湯を加えて混ぜ、1で溶け残ったきび砂糖を溶かします。

3 炭酸水や水、白ワイン、スパークリングワインなどで割って飲みます。お好みでミントやレモンバームの葉、レモンの皮などを入れると、よりさわやかに楽しめます。

フラットブレッド → P.058

夏

P.060 ← 小夏のマーマレード　P.062 ← ルバーブのチャツネ

フラットブレッド

風味豊かな全粒粉でつくる
ぱりっとして、香ばしい
クラッカーのようなフラットブレッドです。
思いついたらぱっと気軽につくれます。
チーズやジャム、チャツネを添えると
より楽しいです。

つくりやすい分量

A 全粒粉……200g
　きび砂糖……12g
　塩……4g
水……100g
エクストラバージンオリーブオイル……大さじ4
海塩、黒ゴマ、クミンシード、シードミックス＊……各適量

＊オーツ麦フレーク、ヒマワリの種、ゴマ、アマニ、植物油脂がブレンドされたもの（パシフィック洋行「シードミックス」）を使っています。

1 ボウルにAを入れて、木べらで混ぜます。水分を加える前にきび砂糖と塩を加えてよく混ぜ合わせておくと、混ぜムラができにくくなります{a}。

2 水とオリーブオイルを加えて手早く混ぜ、なじんだら生地を返しながら混ぜます{b}。

3 まとまってきたら{c}、台の上に生地を取り出して手のひらで手前から奥へと押し出すようにして、ひとまとまりになるまでこねます{d,e,f}。

4 ひとまとめにしてカードで3等分に切り、手のひらで軽く押さえながら台の上で転がしてざっと丸めます。打ち粉をして、麺棒でときどき巻き取っては裏返したり、向きを90度変えたりしながらできるだけ薄くのばします{g}。

5 麺棒で巻き取って持ち上げ{h}、オーブンペーパーを敷いた天板にのせます。フォークで細かく穴をあけます{i}。

6 刷毛で水（分量外）を塗って、1枚には、海塩をふります{j}。残りの1枚には黒ゴマをたっぷりふってクミンシードを散らし{k}、もう1枚にはシードミックスをたっぷりふります{l}。生地にふるスパイスやハーブ、シード類は、お好みで変えてください。ローズマリーとレモンの皮という組み合わせも、さわやかで初夏にぴったりです。

夏

7 195℃のオーブンで約10分焼きます。天板にのせたまま冷まして{m,n,o}、適当な大きさに割ります{p}。

まず全粒粉と砂糖、塩を混ぜます！

a

b

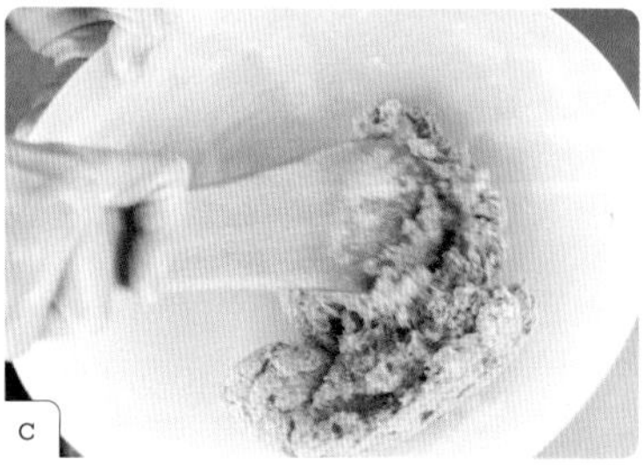
c

d

台に
こすりつけるように

e

さいしょは
ベタつきます

f

まとまりました！

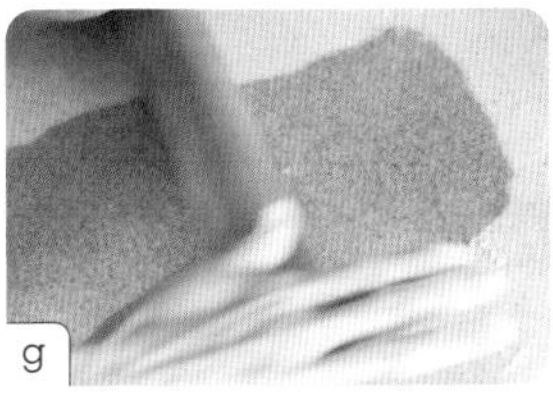
g

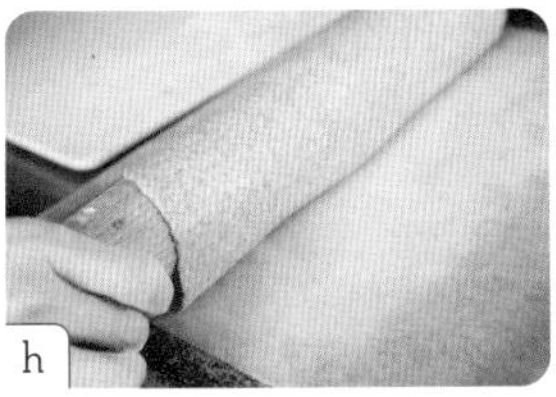
h

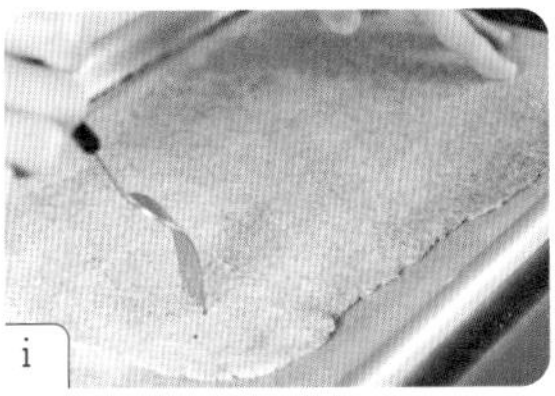
i

海塩

j

黒ごまと
クミンシード

k

l

シードミックス

m

n

o

p

夏

小夏のマーマレード

柑橘のマーマレードは、皮を掃除したり、
ゆでたり、つくるのに手間がかかるけれど
おいしいから仕方がないよねーと毎度思います。
小夏の繊細な味わいと
ほどよい皮の苦みが広がります。

約750ml以上のガラス瓶1つ分

小夏……**1kg**

グラニュー糖
……**適量**（撮影時は510g）

1 小夏はぬるま湯で洗ってから外側の厚い皮をナイフでそぎ落とします{a, b, c}。鍋に入れて、水（分量外）をたっぷり加えて火にかけ、ひと煮立ちさせます。網にあけて水気を切ります{d}。鍋に戻して水（分量外）をたっぷり注ぎ入れ、火にかけます{e}。煮立ったら、湯のなかで皮がぽこぽこと踊る状態を保つように火加減を調整して、約1時間ゆでます。食べてみてほどよい苦みになったら、網にあけて水気を切ります{f}。

2 皮をゆでている間に、果肉を房から取り出してボウルに入れます{g, h, i, j}。残った小夏の薄皮を手でぎゅっと握って果汁を搾り、果肉と一緒にボウルに入れます{k}。重さを計り（撮影時は520g）、それに対して約65%（330g）のグラニュー糖を加えます。ゴムべらで混ぜておきます{l, m}。グラニュー糖の量は、小夏の甘さに合わせて調節してください。

3 1の白いワタのやわらかいところをペティナイフでそぎ落とします{n}。皮をフードプロセッサーに入れて、粗きざみの状態になるまで断続的に回します{o}。こうすると、包丁できざむよりもふぞろいな大きさになり、部分部分で食感が違って楽しいです。

4 きざんだ皮を計量して、2のボウルに加えます。皮の重さ（撮影時は280g）の65%くらいのグラニュー糖（180g）を加えて、ゴムべらで混ぜ合わせます{p}。グラニュー糖の量は、皮の苦みに合わせて調節してください。

5 鍋に移し、強めの中火にかけてゴムべらでときどき混ぜます。沸いてきたらアクを取り{q}、さらに煮ます{r}。アクが出なくなって色が少し濃くなり、少しとろみがついてきたら火を止めて{s}、瓶に移し入れます。煮上がりはさらっとしていますが、冷めるととろみが出てきます。

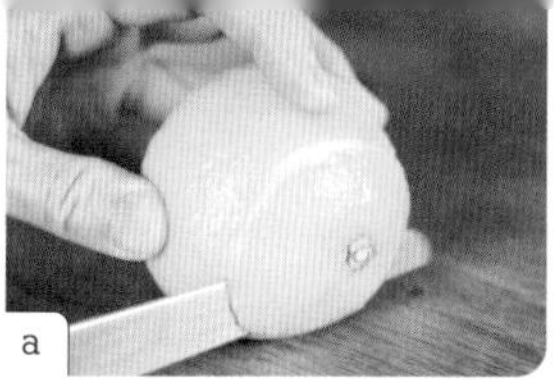
a

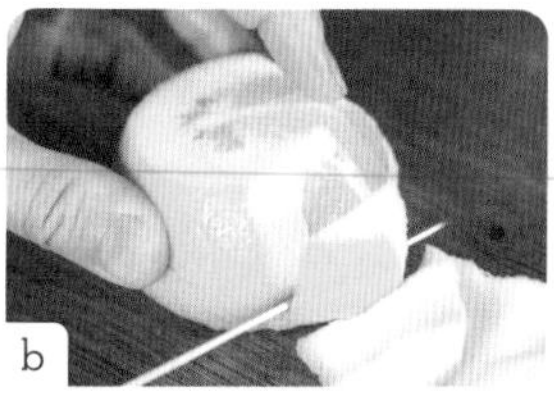
b

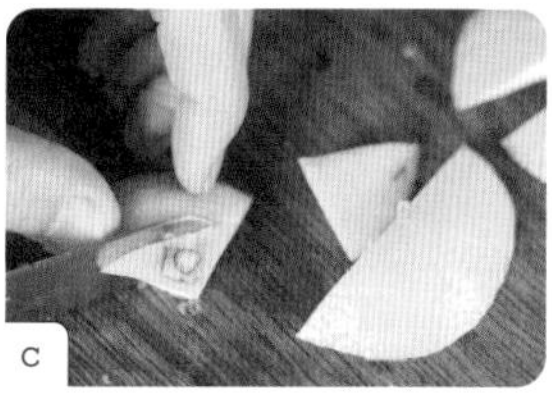
c

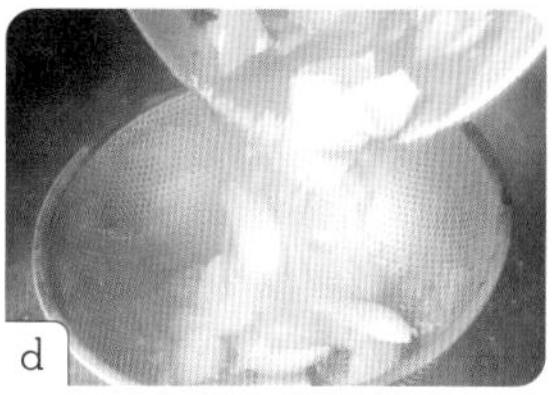
d

一度ゆでこぼしてから
下ゆでします

e

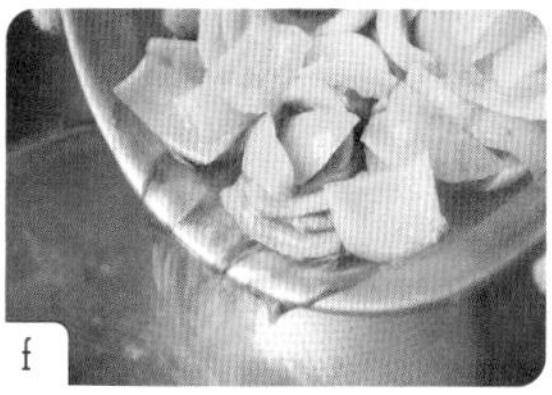
f

お好みの
苦さになるまで
下ゆで

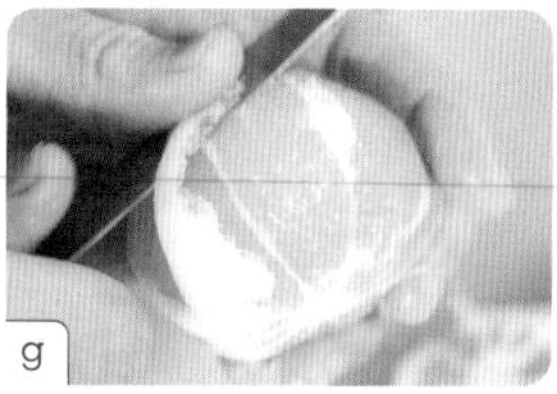
g

h

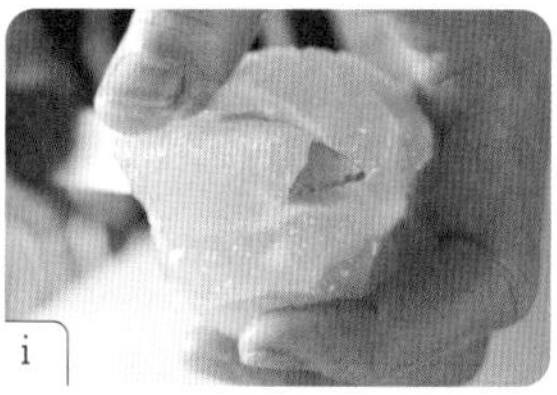
i

j

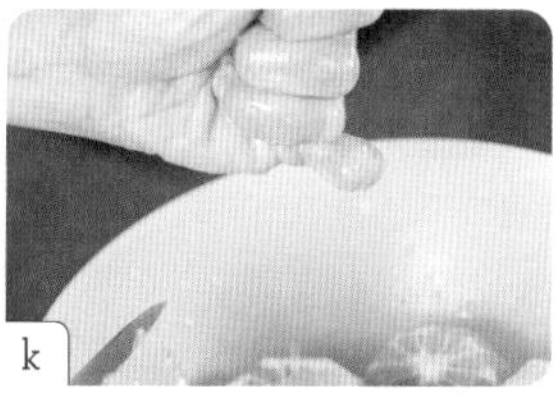
k

l

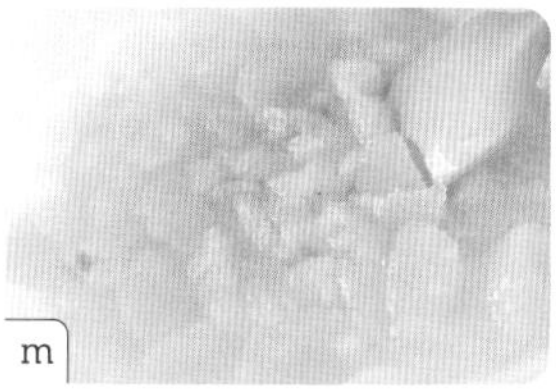
m

グラニュー糖は
ボウルで混ぜる

n

ワタを
そぎます

皮をゆでている間に
果肉とお砂糖を
混ぜておきます

o

p

q

強めの中火で！

r

s

色が一段濃くなったら
できあがり！

夏

ルバーブのチャツネ

酸味がしっかりしたルバーブに
ドライアプリコットなどを加えて
さわやかで初夏らしい
チャツネをつくりました。
煮詰めすぎず、
フレッシュに仕上げています。

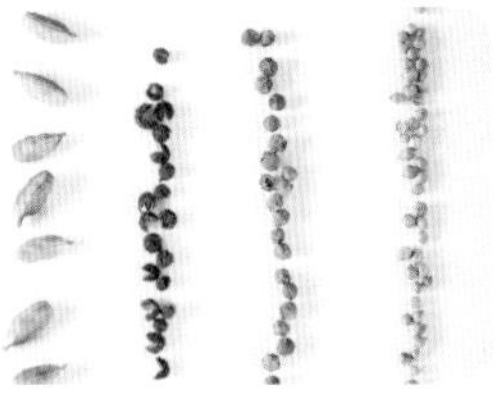

左からカルダモン、ティムットペッパー、グリーンペッパー、コリアンダーシード

＊1ネパールの山椒です（上の写真）。柑橘のようなさわやかな香りがあります。

＊2ジンジャーシロップ（下記）をつくるときに、漉してザルに残ったしょうがです。しょうがのすりおろしを使ってもよいと思います。

つくりやすい分量

A **ティムットペッパー**＊1
　……約小さじ1/2
　グリーンペッパー
　……約小さじ1/2
　カルダモン
　……約小さじ1/2
　コリアンダーシード
　……約小さじ1/2
　しょうがのシロップ煮＊2
　……12g
　ブラウンシュガー
　……65g
　アップルビネガー
　……50g

ルバーブ……180g（正味）
レモン……1/3個
ドライアプリコット
……30g

1 Aのうち、ティムットペッパーとグリーンペッパーは、それぞれ乳鉢で粗めにすりつぶします。カルダモンは、P.032（ブラッドオレンジのマフィン）と同じように粗めにすりつぶします。

2 ルバーブは根元のかたい部分と葉を切り落として筋を軽く取り、幅約2cmに切ります。

3 レモンはぬるま湯で洗ってから、皮をできるだけ白い部分が入らないように薄くむき、食感が残る程度に粗くきざみます{a}。ドライアプリコットは約5mm角にきざみます{b}。

4 ボウルに2と3を入れて、3で皮をむいたレモンを搾り入れます。A（1も含む）を加えて、ゴムべらでざっと混ぜ合わせます。鍋の中でブラウンシュガーと混ぜると、鍋肌についたものが焦げてしまうことがあるので、ルバーブやドライアプリコットとなじませてから鍋に移しています{c}。

5 鍋に移して、鍋底からはみ出ないくらいの強火にかけて、ゴムべらで混ぜながら煮ます。ぐつぐつ煮立ってきたら火を少し弱めて、鍋底をかくようにしてしっかり混ぜながら煮ていきます{d}。汁気が少なくなってゴムべらで混ぜた跡が鍋底に残るようになったら{e}、火から下ろして瓶に移します。やや水分が残るくらいで火から下ろしたほうが、冷めてもかたくならず、フラットブレッド（P.056）やチーズともよくなじみます。

ジンジャーシロップのつくり方

ショウガ（300g）は皮の汚いところだけを取り除き、フードプロセッサーにかけて細かくします。これを鍋に入れて、グラニュー糖（250g）、水（200g）を加えて沸かし、レモン果汁（15g）を搾り入れて、アクを取りながら30分ほど煮詰めます。漉してザルに残ったものが「しょうがのシロップ煮」で、冷凍保存できます。煮汁はジンジャーシロップとして炭酸やお湯で割ったり、紅茶やお酒、ドレッシングに入れたりして楽しみます。

a

食感がちょっと
残るくらいが
食べていてたのしいです

b

c

ぐつぐつ

d

材料は
ボウルで混ぜてから
煮ます！

e

できあがり！

夏

夏

 プラムのクランブルケーキ ⟶ P.066

P070 ⟵ パイナップルとココナッツのトレイベイク

プラムのクランブルケーキ

ドイツの友達の家にあそびに行ったときに
彼のお母さんのReinhildが
お茶の時間のために焼いておいてくれた
シンプルでおいしいクランブルケーキ。
あんまりおいしかったので
すぐにつくり方を教えてもらったこのケーキに、
ドイツのパン屋さんに並んでいたケーキも参考にして、
プラムを入れて焼きました。

1台分（底辺20×15.5cm、上22.5×16cm、高さ3.5cmのホウロウのトレイ）

カッテージチーズのケーキ生地

バター（無塩）……**25g**
カッテージチーズ……**45g**
きび砂糖……**25g**
全卵……**1/2個**
牛乳……**25cc**
A **薄力粉**……**115g**
ベーキングパウダー……**6g**
塩……**1g**

ココアクランブル

バター（無塩。スライスして冷やす）……**100g**
薄力粉……**135g**
カカオパウダー……**15g**
きび砂糖……**80g**
塩……**ひとつまみ**

仕上げ

プラム……**160g**（正味）

型の準備

ホウロウのトレイは、室温に戻したバター（分量外）を刷毛で塗って、冷蔵庫に入れておきます。

カッテージチーズのケーキ生地

1 バターは湯煎にかけて溶かし、冷まします。

2 ボウルにカッテージチーズを入れて、やわらかくなるまでゴムべらで練ります{a}。きび砂糖を加えて泡立て器ですり混ぜます{b}。

3 溶いた全卵を加えてよく混ぜます{c}。次に1と牛乳を加えて、よく混ぜます{c, d}。

4 Aをふるって加え{e}、ざっと混ぜます{f}。ゴムべらの腹ですりつぶすようにして{g}、ひとまとまりになって弾力が出るまでよく混ぜます{h}。

5 打ち粉をふった台に移して、手のひらの付け根で生地を手前から奥へとしごくようにして{i}、台に押しつけてはカードと手で返します{j}。表面がつるんとしてパン生地のようにもっちりするまでくり返します。

6 打ち粉をして、途中で上下を返したり{k}、生地の向きを90度ずつ変えたりしながら、トレイの大きさに合わせて麺棒で厚さ約7mmにのばします{l}。トレイの底に敷き、表面を手でざっと平らにならします{m}。

夏

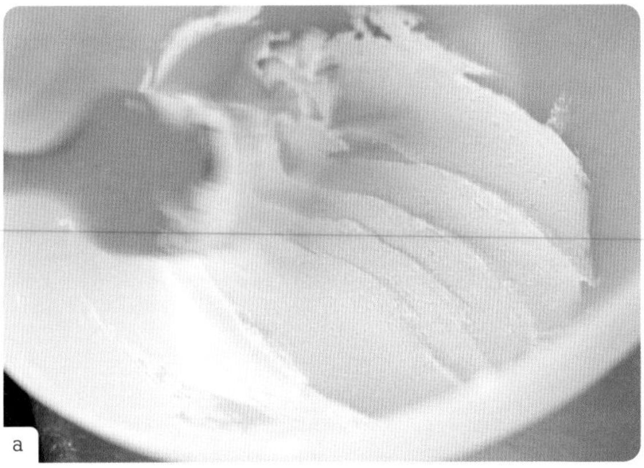
a

なめらかに!

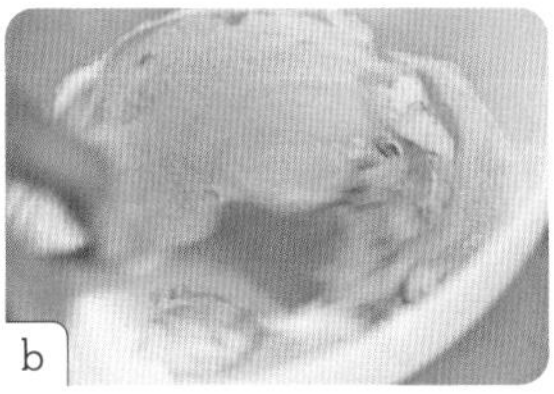
b

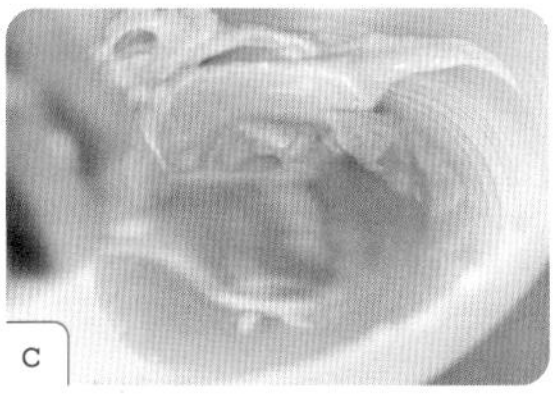
c

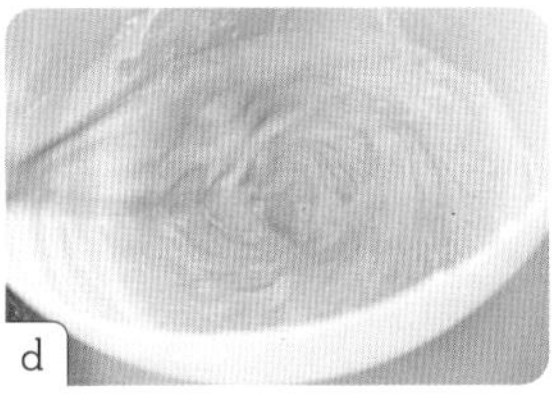
d

e

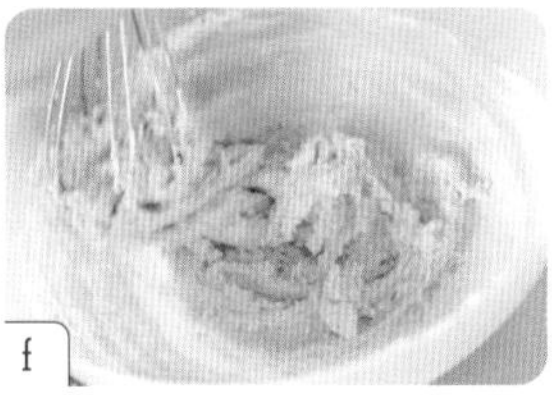
f

はじめは泡立器!

ゴムベラにかえて

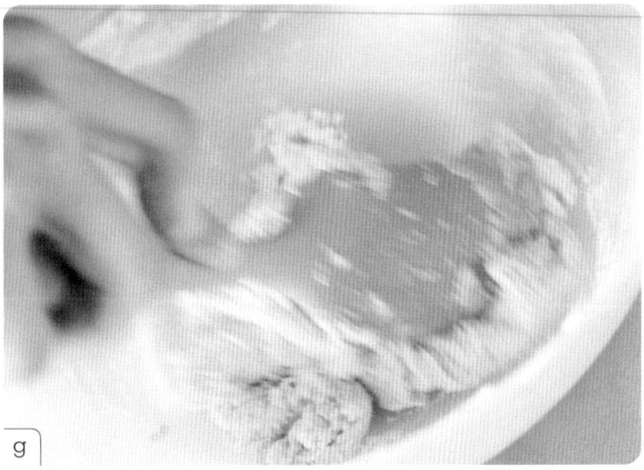
g

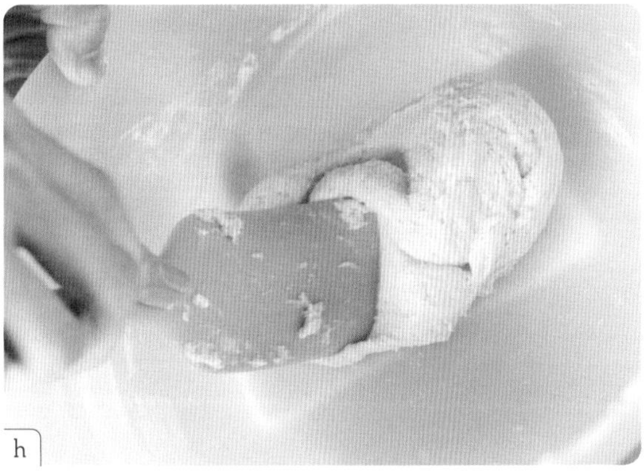
h

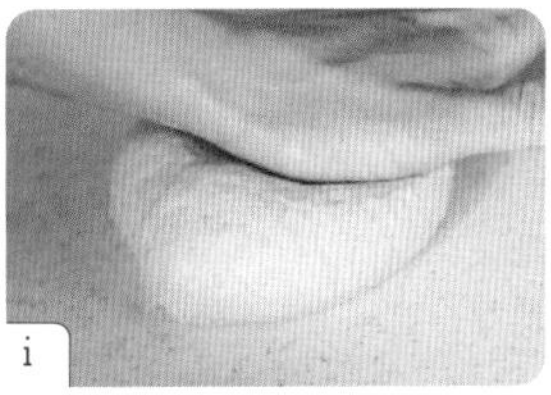
i

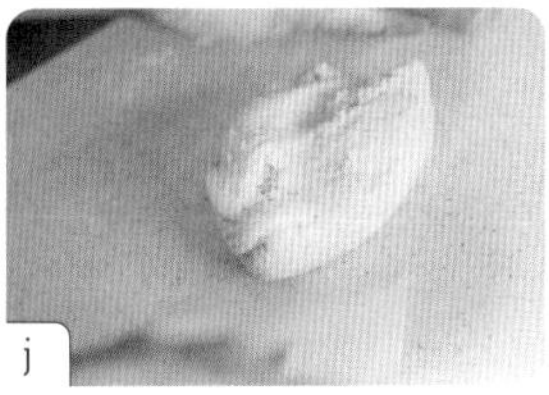
j

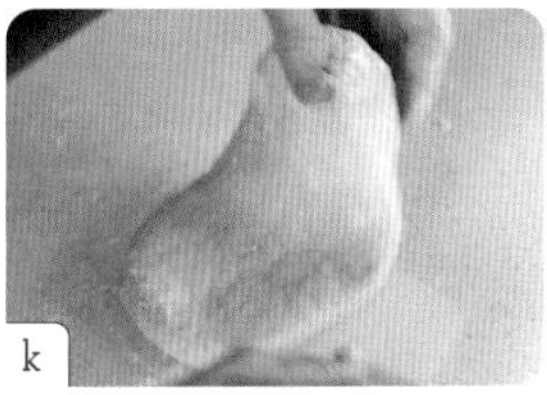
k

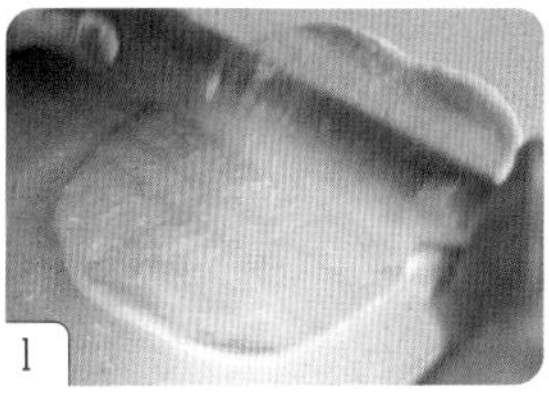
l

もちもちの生地

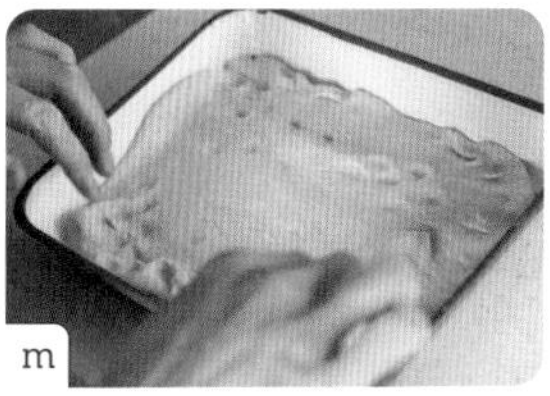
m

夏

ココアクランブル

1 ボウルにすべての材料を入れます。バターに粉をまぶしながら指先でもむようにして塊をつぶし{n}、全体がさらさらになるまでなじませます。フードプロセッサーを使う場合は、すべての材料を入れて全体がさらさらになるまで回します。

2 手をお椀状に丸めてすくい上げ、両手をこすり合わせるようにしてなじませます{o}。全体が少ししっとりして、小さな塊ができてくるまでくり返します{p,q}。

仕上げ

1 プラムは、ペティナイフで割れ目に沿ってぐるりと1周切り込みを入れてから{r}、6等分くらいのくし形に切り出し{s}、最後の1切れから種を取り除きます{t}。皮を下にして、型に敷いたカッテージチーズのケーキ生地の上にランダムに並べます{u}。

2 クランブルをのせて{v,w}、180℃のオーブンで20~25分焼きます。クランブルを指で軽く押さえて少しゆすってみて{x}、底に敷いたケーキ生地が動かなければ、焼き上がり。トレイに入れたまま冷まします。クランブルは大きめでぼろっとした塊がある状態にして、プラムの水分が焼成中に飛ぶように隙間をあけてのせると、ざくざくとした食感に焼き上がります。

n

バターをちぎったり
指先でつぶしたりして

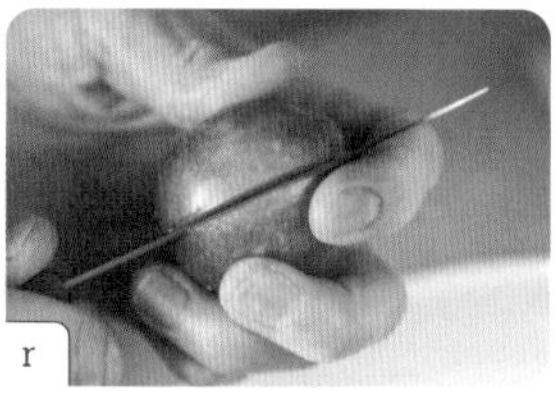
r

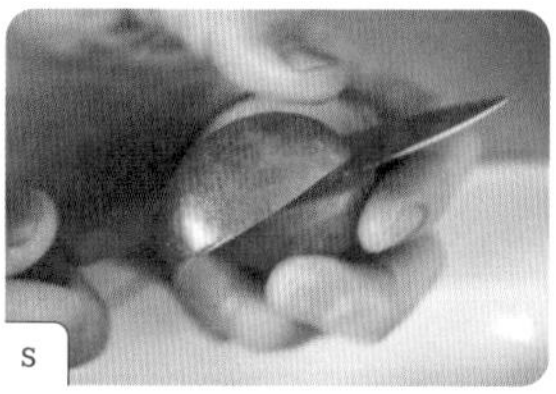
s

o

なじんできたら
両手ですくって
こすり合わせます

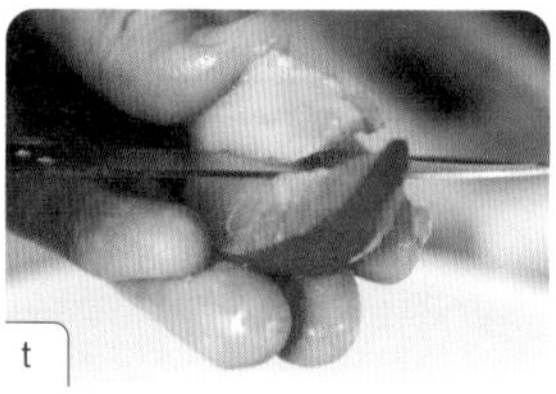
t

さいごに種をとります

小さなかたまりができてきます

p

q

u

切り口は上!

v

w

ココアクランブル
たっぷり!

焼きあがりは
さわってたしかめています

x

ヤケドに注意…!

夏

パイナップルとココナッツのトレイベイク

パイナップルとココナッツは、
定番だけど大好きな組み合わせ。
ココナッツの香りと食感、パイナップルの甘い香り、
ショートブレッドにこっそり塗ったチョコレートが
組み合わさったケーキです。

1台分（底辺24×18.5cm、高さ4.5cmのホウロウのトレイ）

ショートブレッド生地

バター（無塩。スライスして冷やす）……**100g**
きび砂糖……**50g**
A **米粉**……**50g**
薄力粉……**50g**
スペルト小麦の全粒粉……**50g**

ココナッツのバター生地

バター（無塩）……**120g**
ブラウンシュガー……**90g**
全卵……**90g**
B **米粉**……**40g**
ベーキングパウダー……**3g**
塩……**3g**
コーングリッツ……**40g**
牛乳……**小さじ1/4**
ココナッツファイン……**135g**

仕上げ

ビターチョコレート……**60g**
パイナップル……**240g**（正味）
ココナッツシュレッド……**適量**
ブラウンシュガー……**適量**

型の準備

ホウロウのトレイは、室温に戻したバター（分量外）を刷毛で塗って、冷蔵庫に入れておきます。

ショートブレッド生地

1 ボウルにバターときび砂糖を入れて、Aをふるいながら加えます。バターに粉をまぶしながらちぎって、指先でつぶしたり、もみ込んだりしてなじませます{a, b, c}。フードプロセッサーを使う場合は、すべての材料を入れてさらさらとした状態になるまで回してから、ボウルに移して指先で同じようになじませます。

2 塊ができてきたら、カードで生地の一部を切り分け、カードと手ではさんで持ち上げて、粉っぽいところにのせてくっつけます。これを粉っぽい部分がなくなるまでくり返してまとめていきます{d}。

3 準備したトレイに移し、指先で軽く押さえながら隙間がないように広げて、ざっとならします{e, f}。強く押さえすぎずにざっくりならすほうが、軽い食感になります。ですが、押さえ足りないと食べるときに生地がぼろりと崩れてくるので、ある程度の強さで敷き詰めることも必要です。

4 フォークで穴を開けて、165℃のオーブンで約15分焼きます{g}。トレイに入れたまま冷まします。

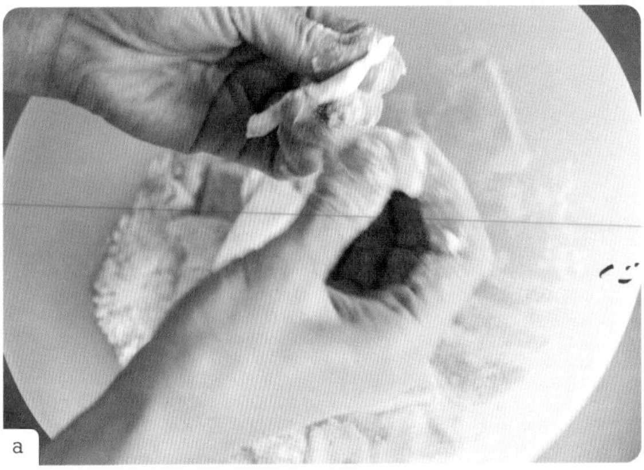
a

ショートブレッド生地のつくり方!

バターをちぎったり

b

指先でつぶしたりして

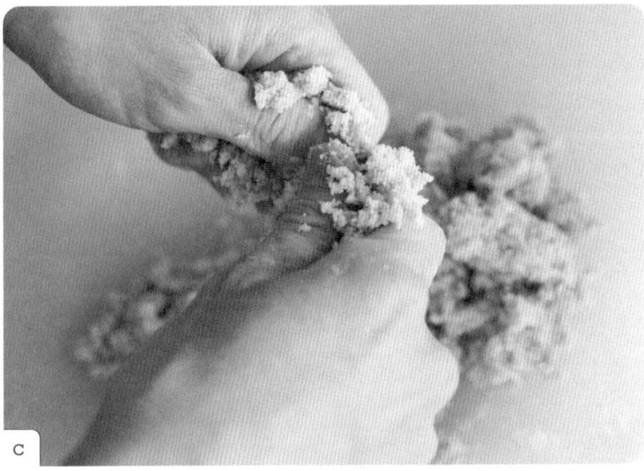
c

d

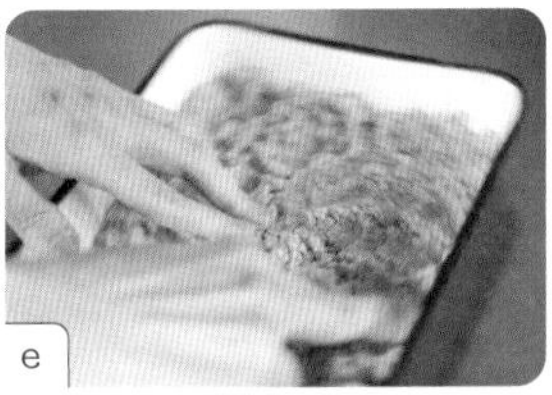
e

f

焼きあがり!

g

夏

ココナッツのバター生地

1 ボウルにバターを入れて、泡立て器でクリーム状にします{h}。ブラウンシュガーを加えて、ざらっとした感じがなくなるまですり混ぜます{i}。

2 溶いた全卵の半量を1に加え{j}、バターを卵でのばしていくイメージで、なめらかで少しぷりっとしたクリーム状になるまで泡立て器ですり混ぜます{k}。いったん分離したようなぼそぼその状態になりますが、だんだんつながってなめらかになるので、心配しなくて大丈夫です。空気を含ませすぎないようにすり混ぜたほうが、膨らみすぎなくてどしっとした焼き上がりになります。

3 Bをふるい、コーングリッツと混ぜて、2に半量加えます{l}。すり混ぜて生地をしっかりつなげます{m}。

4 溶いた全卵の残りとBの残りを2〜3と同じように順に加えてすり混ぜます{n, o, p, q}。牛乳も加え、すり混ぜて生地をつなげます{r, s}。

5 ココナッツファインを4に半量ずつ加え{t}、そのつど底からすくい上げるようにして混ぜます。ある程度混ざったら{u}、ゴムべらで底からすくい上げるようにして混ぜてムラをなくします{v, w}。

h

i

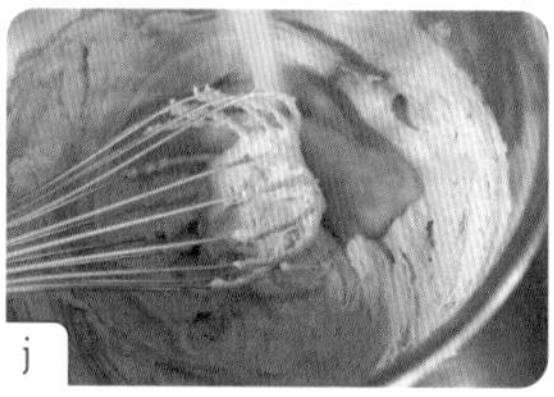
j

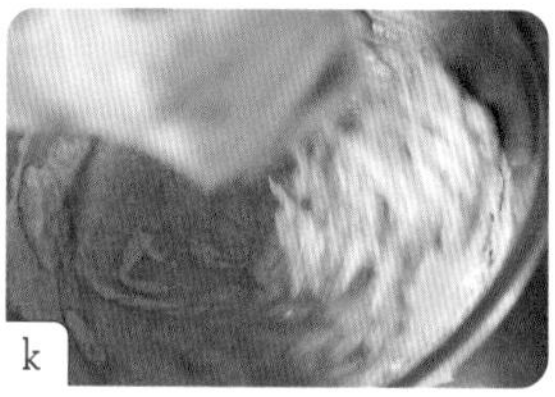
k

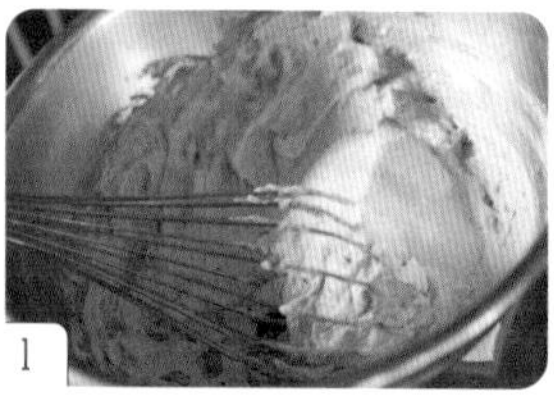
l

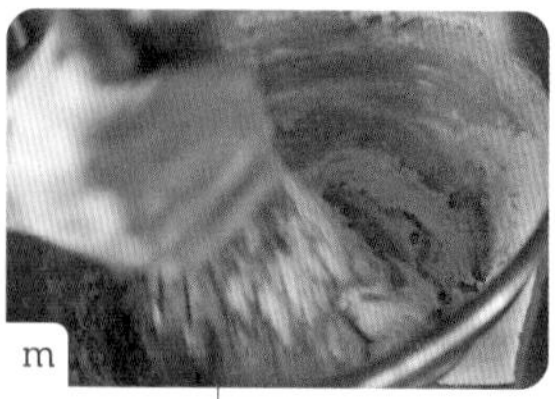
m

n

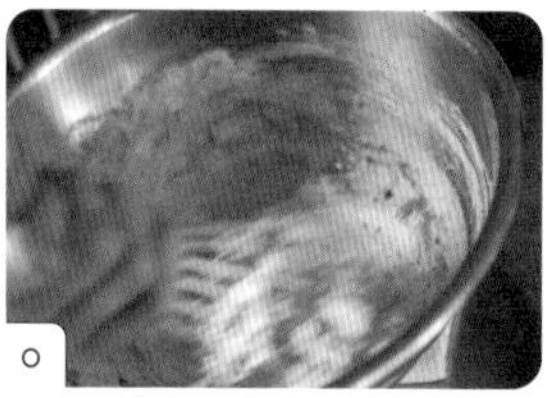
o

p

q

r

s

t

u

v

ふっくら！

w

仕上げ

1 ビターチョコレートをボウルに入れて湯煎で溶かします。焼いてから冷ましたショートブレッド生地の上に流し入れ、ゴムべらで全体にのばします{x}。

2 ココナッツのバター生地をのせ{y}、L字形のミニパレットナイフやゴムべらなどで角まで広げてざっと平らにならします{z}。

3 パイナップルは皮とへたを切り落として縦4等分に切ります。芯を切り落とし、表面のブツブツを包丁で取り除いて、幅約2cmのイチョウ切りにします。

4 2の上に3を散らして、ココナッツシュレッドとブラウンシュガーを順に軽くふりかけます。180℃のオーブンで約55分焼いて、トレイに入れたまま冷まします。ブラウンシュガーをふって焼くことで、ムラのあるおいしそうな焼き上がりになります。

パイナップルの切り方!

①

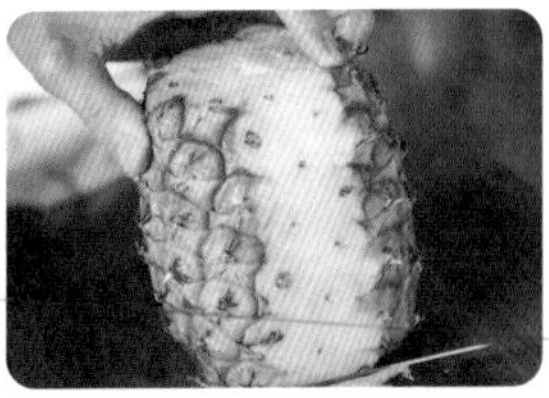

②

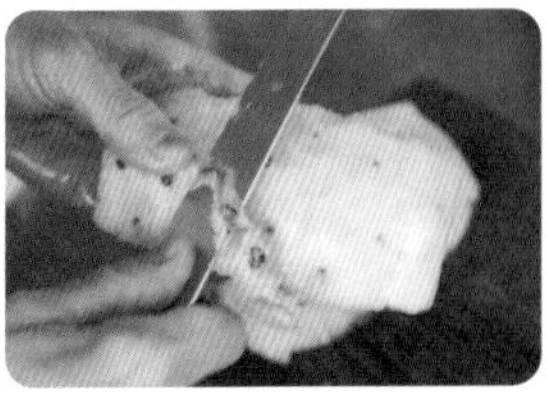

ぶつぶつをむきます

③

x

チョコレートはすみまで

Y

ざっとならします

z

これから焼くところ

焼きあがり!

夏

夏

074 ラズベリーのブラウニー

ラズベリーのブラウニー

ラズベリーは、張りがあって小ぶりのものを選びます。
ラズベリーの酸味と
しっとり、じっとり焼かれたチョコレート生地が
合わさるところが好きです。
ワインにもよく合います。

1台分（20×20cm、高さ4cmのスクエア型）

バター（無塩）……**150g**
ブラウンシュガー……**200g**
ビターチョコレート……**150g**
全卵……**150〜155g**
A **薄力粉**……**50g**
　カカオパウダー……**30g**
　ベーキングパウダー……**4g**
　塩……**2つまみ**
ラズベリー……**約80g**

型の準備
P.146型の準備（スクエア型の底だけにオーブンペーパーを敷く）参照

1 P.034（オレンジのブラウニー）1〜3と同じようにして生地をつくります。型に流し入れ、ラズベリーをランダムに散らします{a}。

2 天板にのせて、150℃のオーブンで35〜40分焼きます。竹串を刺してみて、透明感のあるさらっとした生地がついてくるときはもう少し焼きます。ねちっとした生地がついてきたら、ちょうどよい焼き上がり{b}。何にもついてこなかったら、焼きすぎです。オーブンから出したら、型に入れたまま冷まします。

ねちっとした生地が
ついてきたら、焼きあがり！

a

b

夏

パッションフルーツのブラウニー

パッションフルーツのブラウニー

夏には重たく感じがちなチョコレートに、
酸味があって香りが華やかな
パッションフルーツを合わせたら、
食べる手が止まらなくなるブラウニーができました。
パッションフルーツはあまり混ぜすぎず、
味のコントラストをはっきりとさせます。

1台分（20×20cm、高さ4cmのスクエア型）

バター（無塩）……**150g**
ブラウンシュガー……**200g**
ビターチョコレート……**150g**
全卵……**150〜155g**
A **薄力粉**……**50g**
　カカオパウダー……**30g**
　ベーキングパウダー……**4g**
　塩……**2つまみ**
パッションフルーツ（果肉と種）……**約30g**

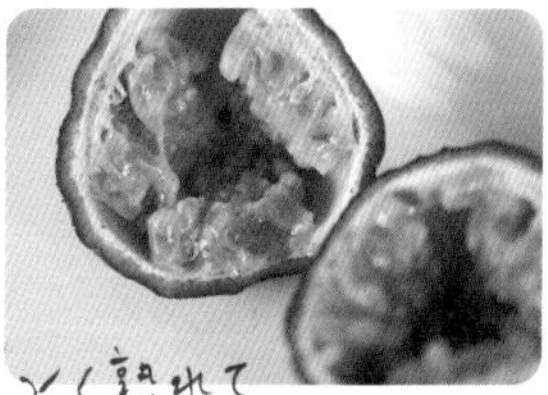

よく熟れて
香りが華やかになった
パッションフルーツを
使います

型の準備

P.146型の準備（スクエア型の底だけにオーブンペーパーを敷く）参照

1 P.034（オレンジのブラウニー）の1〜3と同じようにして生地をつくります。

2 型に生地を流し入れて、ゴムべらで型の端まで広げ、パッションフルーツの果肉と種をスプーンで表面に3列流し入れます{a}。

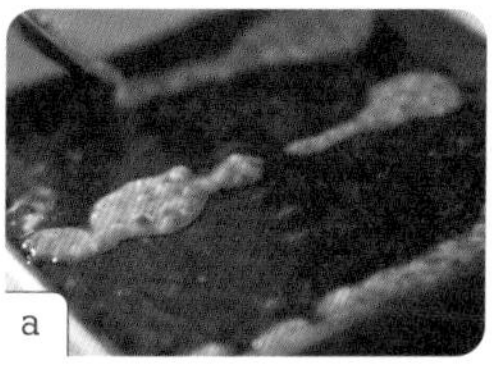
a

3 パッションフルーツがかたまっているところがあれば、パレットナイフの先で散らします。次に、パレットナイフで生地をすくってパッションフルーツの上にところどころ軽くかけます{b,c}。最後に、パレットナイフを立てて生地をつんつんと突きながら、イラストのように筋を入れて{d}、パッションフルーツを行き渡らせます。

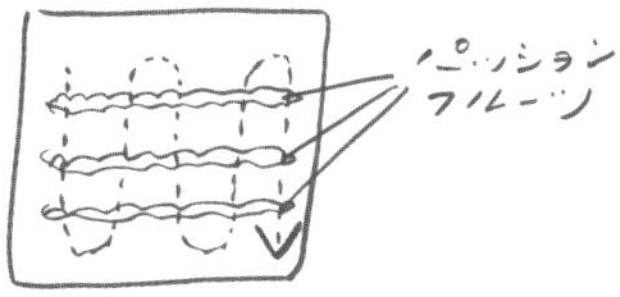

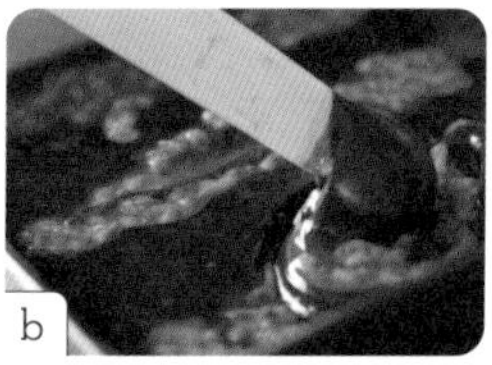
b

c

パレットナイフの
先のほうを使います！

4 150℃のオーブンで約35〜40分焼きます。竹串を刺してみて、透明感のあるさらっとした生地がついてくるときはもう少し焼きます。ねちっとした生地がついてきたら、ちょうどよい焼き上がり（P.075参照）。何にもついてこなかったら、焼きすぎです。オーブンから出したら、型に入れたまま冷まします。

d

夏

朝起きたときに、夏のむっとする感じがもうなくて、ミルクティーを飲みたくなったら、秋がはじまるな、と思います。秋はほかの季節よりもたくさんのお客さんが来てくれる季節。イベントのお誘いも多く、一年の中でもとても大切なクリスマスの準備すら、なかなかできないくらい忙しい時期です。

そんな季節のはじまりに登場するのが、ブラムリーという青りんご。イギリスではよく見る庭木で、料理やおかしに使われます。わたしが初めてつくったトレイベイクは、ブラムリーのトレイベイクでした。クリスマス用のミンスミートは、イギリスに敬意を表してブラムリーでつくっています。熟してやわらかくなるとおいしくないので、酸味が強くて、かたく、新鮮なものが届くとわくわくします。

りんごは小諸の農家「りんご家SUKEGAWA」さんから直接取り寄せています。いろんな品種を育てていらして、メイポールやブラムリーから始まり、ジェネヴァ、シナノピッコロ、紅玉、サンふじ、グラニースミス、シナノドルチェと、旬を迎えた品種から次々に送ってきてくれます。このうち、ブラムリーは、こんな品種があって、とお話ししていたら苗木を植えてくれたもの。お店のみんなでりんご狩りに行くのが毎年の行事です。

ほかに、この時季によく使うのがいちじく。焼き菓子用には小ぶりでちょっとかたくて味が詰まったものを選びます。ナッツのパウダー入りの生地に、いちじくの香りがしみていくのが好きです。シナモンやクローヴ、カルダモンなどの甘い香りのスパイスともよく合わせます。

秋のおかしは、夕暮れにコーヒーを飲みながら、ちびちび食べてもらいたいイメージです。

秋

いちじく

出回る時期は長いですが、おいしいのは8～10月。小ぶりで味が詰まったものが好きです。ナッツと相性がよいので、ナッツパウダーを加えた生地でタルトやトレイベイクにします。ヘーゼルナッツと組み合わせるのが好きなのですが、重くなりすぎないようにアーモンドパウダーも加えてバランスを取っています。香りを生かすため、いちじくだけで使うことが多いですが、スパイスやオレンジと合わせるのもよいと思います。

洋なし

小ぶりなものを選びます。実がとろっとして、皮をむいたときに果汁がじゅっと出てくる感じになるまで追熟させたほうが、香りもよくておいしいです。シナモンやカルダモン、クローブなど甘い香りのスパイスとの相性がよくて、タルトやトレイベイク、ピクルスにも。フレッシュな感じを残してトライフルにしたり、軽く煮てブラウニーやアイスクリームに入れたりもします。

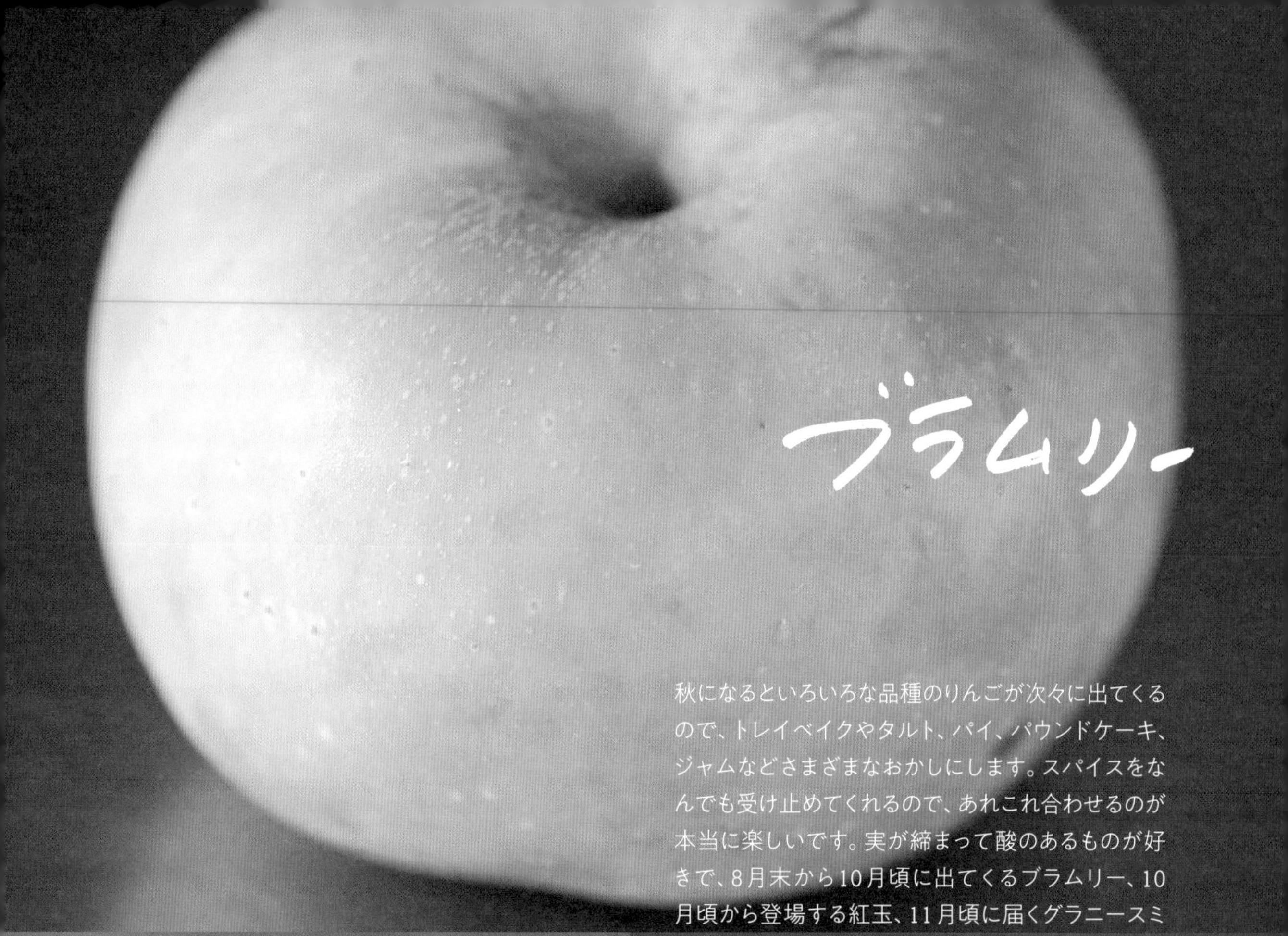

秋になるといろいろな品種のりんごが次々に出てくるので、トレイベイクやタルト、パイ、パウンドケーキ、ジャムなどさまざまなおかしにします。スパイスをなんでも受け止めてくれるので、あれこれ合わせるのが本当に楽しいです。実が締まって酸のあるものが好きで、8月末から10月頃に出てくるブラムリー、10月頃から登場する紅玉、11月頃に届くグラニースミスは特によく使います。あるととてもうれしいブラムリーとグラニースミスは、どちらも酸味がはっきりした青りんごですが、グラニースミスは火を入れてもぱっきりとした食感が残り、ブラムリーはとろけるのが大きなちがい。紅玉は青りんごに比べて甘みや香りがあって、皮が赤いのでお菓子の見た目もかわいくなるところが好きです。

秋

いちじくのひらたいケーキ

ワインと楽しむ、がテーマのイベントに
参加したときに考えたのが
このいちじくのケーキ。とろとろっとした
いちじく、ざくざくとして香ばしい生地、
かりかりのヘーゼルナッツ、
いろんな味と香り、食感が楽しめます。

1台分（22×22cm、高さ4.5cmのスクエア型）

ショートブレッド生地

P.070（パイナップルとココナッツのトレイベイク）の「ショートブレッド生地」の、スペルト小麦の全粒粉を小麦の全粒粉に代えてつくります。

果物

イチジク……300g（正味）

きび砂糖……50g

水……50g

バター生地

バター（無塩。スライスして室温に戻す）
……100g

きび砂糖……100g

全卵……約50g

A **薄力粉……20g**

アーモンドパウダー
（皮なし）＊1……**50g**

ヘーゼルナッツパウダー
（皮つき）……**50g**

仕上げ

ビターチョコレート
……50g

イチジク……60g（正味）

ヘーゼルナッツ
（皮なしのホール）＊2……**40g**

デコレーション用の粉糖
……適量

＊1 アーモンドパウダーは、アメリカ産20gとシチリア産30gを混ぜ合わせて使っています。

＊2 ヘーゼルナッツは天板にのせて160℃のオーブンで約20分、しっかりローストして冷ましておきます。

型の準備

P.146型の準備（スクエア型・パウンド型）参照

果物

1 イチジクは上下を切り落として、縦に厚さ約7mmにスライスします。

2 鍋にきび砂糖と水を入れて沸かし、少し煮詰まって泡の消え方がゆっくりになってきたら{a}、イチジクを加えて木べらで混ぜ{b}、オーブンペーパーで落としぶたをして2分ほど中火で煮ます{c}。鍋の中身の上下を返してオーブンペーパーをかぶせなおし、火を止めてそのまま冷まします。すると、余熱でちょうどよく火が入ります。お好みで、カルダモンを加えて煮るのもおすすめです。

a

ぐつぐつ

b

オーブンペーパーの
おとしぶたをしたまま
冷まします

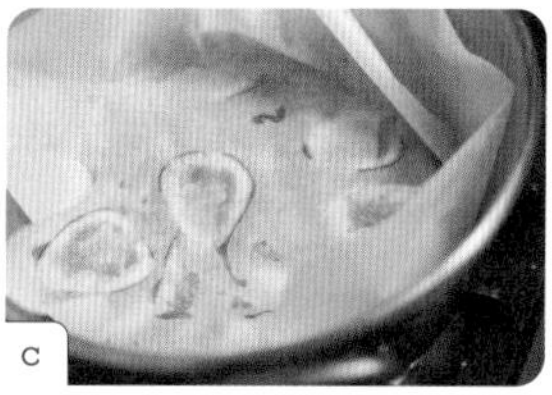
c

秋

バター生地

1 ボウルにバターを入れて、泡立て器でクリーム状にします{d}。きび砂糖を加えて、ざらっとした感じがなくなるまですり混ぜます{e, f}。

2 溶いた全卵を加え、なめらかで少しぷりんとしたクリーム状になるまで泡立て器ですり混ぜます{g}。

3 Aをふるって1/3量くらいずつ加え{h, i, j}、そのつどすり混ぜてしっかり生地をつなげます{k}。ふるったときに網に残ったヘーゼルナッツの皮も、粉に混ぜて使います。少しつやっとしてきたら{l}、ゴムべらで底からすくい上げるようにして混ぜてムラをなくします{m}。

d

バターは
クリーム状に！

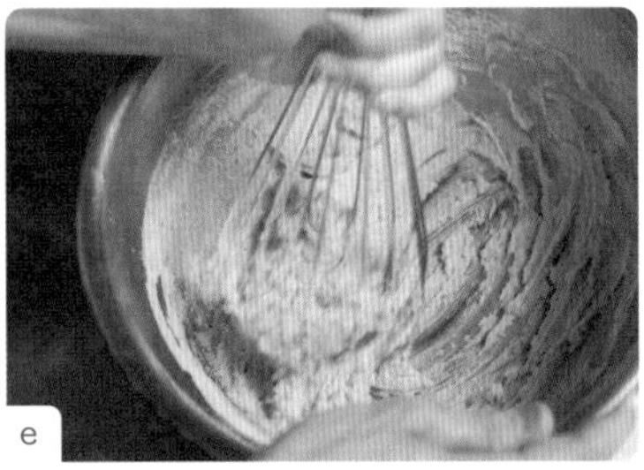

e

まだきび砂糖が
ざらっとしている状態

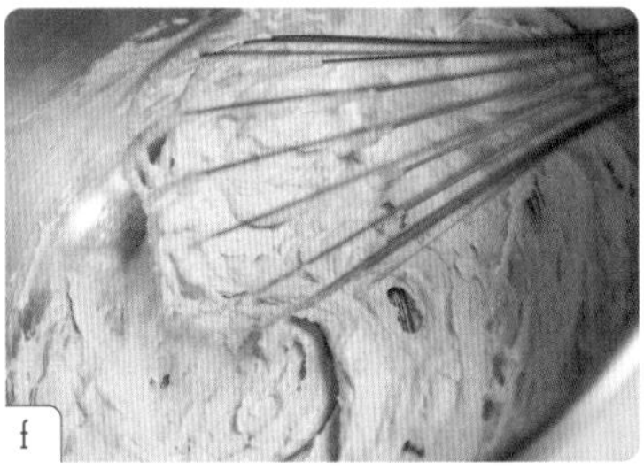

f

ざらっとした感じが
なくなりました！

秋 g

たまごが混ざって
プリンとした生地

粉類は
まず1/3

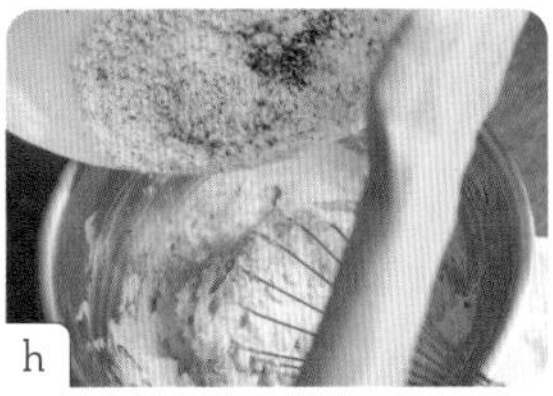

h

つづいて1/3

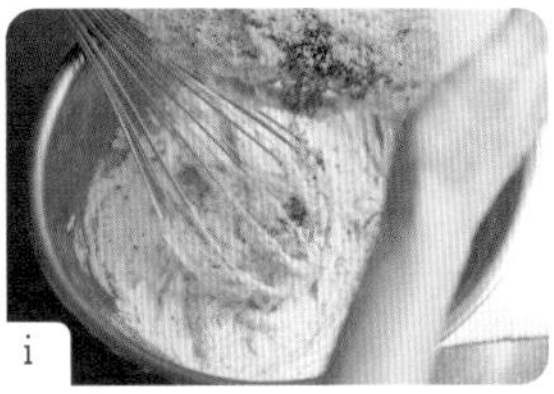

i

残りも
入れます

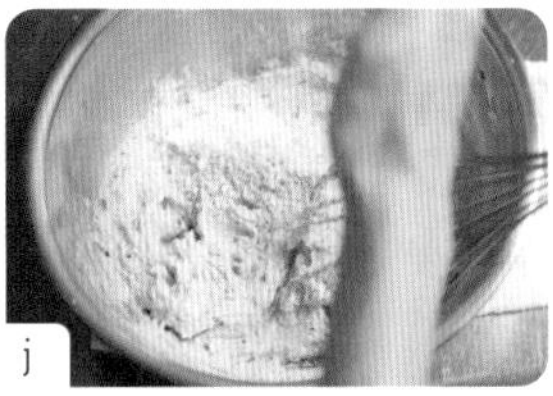

j

すり混ぜる！

k

つやっ

l

m

仕上げ

1 ビターチョコレートをボウルに入れて湯煎で溶かします。焼いてから冷ましたショートブレッド生地の上に流し入れ、ゴムべらで全体にのばします。

2 バター生地を流し入れ、ゴムべらで角まで広げてざっと平らにならします{n}。

3 煮たイチジク{o}を網にあけて煮汁と分けます{p}。煮汁は鍋に戻し入れます。

4 仕上げ用のイチジクを1～1.5cm角に切って、煮たイチジクと混ぜ{q}、生地の上に散らします{r}。165℃のオーブンで約35～40分焼きます。

5 もうすぐ焼き上がりそうになったら、3の煮汁を入れた鍋を火にかけて沸かします。水分が多すぎる場合は沸騰したあと、さらりとしたシロップになるまでさらに煮詰めます{s}。

6 生地の表面を指で押さえて軽くゆすって中まで焼けているかを確認します{t}。オーブンから出したらすぐに、5を刷毛ですべて塗ってしみこませ{u}、そのまま冷まして型からはずします。冷めてからシロップを塗ると、しみこみにくくなってしまいます。

7 ローストしたヘーゼルナッツをカードでつぶして粗く砕き、ケーキの上に散らします。さらに、デコレーション用の粉糖をふります。

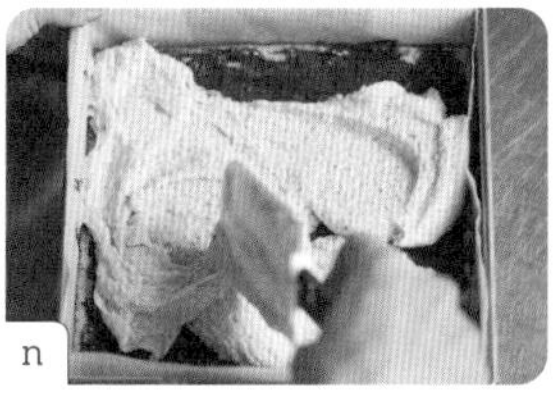
n

やさしく広げます

o

p

余熱でやわらかくなったいちじく

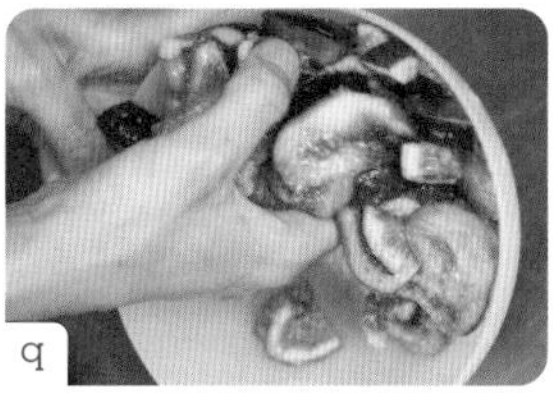
q

煮たいちじくとフレッシュのいちじくを混ぜます

r

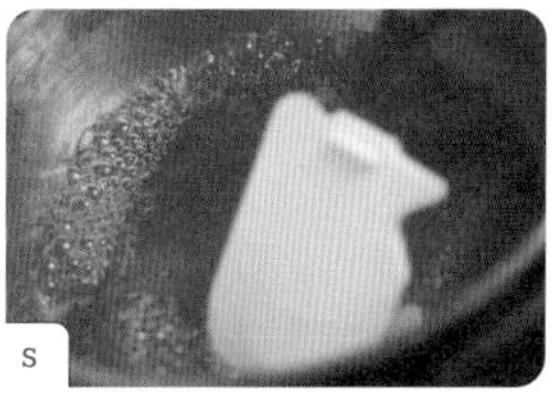
s

t

シロップしみしみ

u

秋

いちじくのブロンディ

いちじくのブロンディ

いちじくのスパイス煮をマーブル状に混ぜ込んで、
香り豊かなブロンディをつくりました。
ホワイトチョコレートの甘みと
いちじくの深い味わいがよく合います。

1台分（20×20cm、高さ4cmのスクエア型）

バター（無塩）……**110g**

きび砂糖……**180g**

ホワイトチョコレート
……**185g**

全卵……**115g**

A **薄力粉**……**190g**
ベーキングパウダー
……**小さじ1**（2.5g）

いちじくのスパイス煮（P.089）
……**適量**

型の準備

P.146型の準備（スクエア型の底だけにオーブンペーパーを敷く）参照

1　ボウルにバター、きび砂糖、チョコレートを順に重ねて入れ、湯せんにかけます。溶けたバターの熱でチョコレートが溶けていくようにしたいので、この順番で重ねています。バターが溶けてきたら{a}、溶けたバターでチョコレートを溶かすように、バターとチョコレートだけを泡立て器の先で混ぜます{b}。チョコレートが溶ける前にきび砂糖まで混ぜてしまうと、分離したようになってしまうので、きび砂糖は混ぜないように気をつけます。また、バターが溶けてもチョコレートと混ぜずにいると、きび砂糖が溶けたバターを吸ってかたくなってしまいます。

2　チョコレートが溶けたら、湯せんからはずしてぐるぐると全体を混ぜ、チョコレートの溶け残りがない状態にします{c}。次に、溶きほぐした全卵を加えて{d}、泡立て器でなめらかになるまで混ぜます。最初はざらっとしていますが{e}、混ぜていくと段々つやっとしてなめらかになります{f}。

きび砂糖を
混ぜ込まないように注意!

b

バターと
チョコレートだけが
溶けて
混ざった状態.

c

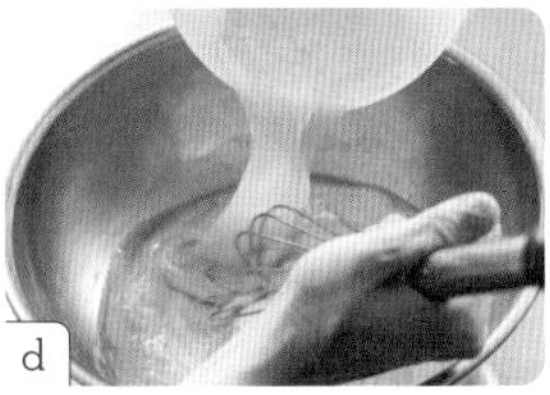
d

a

e

ざらざら

なめらか

f

秋

3 2にAをふるい入れて、粉を生地に巻き込みながらぐるぐると混ぜます{g}。粉が見えなくなってつやが出たら{h}、ゴムべらで底からすくい混ぜてムラをなくします{i}。

4 準備した型に流し入れて、ゴムべらで型の隅まで広げます{j}。いちじくのスパイス煮をレードルですくってざっと汁気を切り、9カ所くらいにのせます{k}。いちじくのスパイス煮の煮汁は、入れすぎるとべちゃっとした生地になってしまうので、少し入れる程度がよいです。

5 生地を9分割するイメージで9か所、パレットナイフで生地を下からすくい上げていちじくのスパイス煮の上に回しかけます{l}。

6 パレットナイフを立てて生地をつんつんと突きながら、イラストのように動かして、イチジクのスパイス煮を生地とざっとなじませます{m}。

g

h

j

i

k

l

7 155℃のオーブンで約30分焼いてから、150℃に下げてさらに約20分焼きます。竹串を刺して、もろっとした生地がぽろぽろとついてきたら、ちょうどよい焼き上がり。型に入れたまま冷まします。

m

いちじくのスパイス煮

ヨーグルトやアイスクリームにかけたり、
パンケーキに添えたり、いろいろ使えて
うれしい、いちじくのスパイス煮。
さまざまなスパイスとレーズンを加えて、
フレッシュ感が残るように煮ました。

850ml以上の瓶1つ分

イチジク……400g（正味）

レーズン……100g

A シナモンスティック……1かけ

　カルダモン……約5個

　クローブ……約小さじ1

　スターアニス……約2個

　アニスシード……小さじ1/2

　コリアンダーシード……小さじ1/2

　ブラウンシュガー……60g

レモン……1個

水……適量

1 イチジクは上下を切り落として縦4等分に切り、さらに横3等分に切って{a}、ボウルに入れます。

2 レーズンはお湯で洗い、網にあけて水気を切ります。Aとともに1に加えます。

3 レモンはぬるま湯で洗ってから、できるだけ白い部分が入らないように薄く皮をむきます。食感が残る程度に粗くきざんで2に加え、残った実を搾って果汁も加えます{b}。ゴムべらでざっと混ぜ合わせます。

4 鍋に移して水をひたひたに加え{c}、強火にかけます。焦げないように木べらでときどき混ぜて、沸いたらアクを取り、全体がやわらかくなるまで少し煮ます{d}。熱いうちに保存用の瓶に入れてふたを閉め、冷めたら冷蔵庫に入れます。

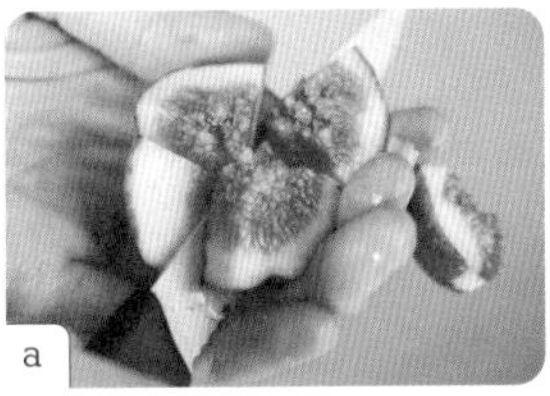

a

b

ひたひた

c

d

秋

いちじくのイートンメス

いちじくのイートンメス

バニラとシナモンのメレンゲに、
スパイスを入れて煮たいちじくを合わせました。
イートンメスは、メレンゲの甘いところに、
果物の酸味や果実感が
ぐーっと入っていくところが好きです。
アイスクリームをのせたり、
メレンゲをチョコレート味にしてもおいしいです。

つくりやすい分量（底直径5cm、上直径7.5cm、高さ5.5cmのグラス）

バニラシナモンメレンゲ
（直径約2.5cm、高さ約2.5cm・25～30個分）

卵白……75g

グラニュー糖……150g

バニラビーンズペースト……少量

シナモンパウダー……小さじ1/3

クリーム

生クリーム（乳脂肪分35%）**……250g**

グラニュー糖……10g

仕上げ

いちじくのスパイス煮（P.089）**……適量**

デコレーション用の粉糖……適量

バニラシナモンメレンゲ

1 P.022（いちごのイートンメス）のバニラメレンゲと同じようにつくります。シナモンパウダーは、バニラビーンズペーストと一緒に入れます。

クリーム

1 ボウルに生クリームとグラニュー糖を入れて、ボウルの底に氷水を当てながら、泡立て器でとろんとやわらかく角が立つまで泡立てます（P.022（いちごのイートンメス）と同じように7分立てにします）。

仕上げ

1 バニラシナモンメレンゲ約15gを砕いて

2 クリームを約30g

3 いちじくのスパイス煮をざっと汁気を切って約45g

4 デコレーション用の粉糖をふったらできあがり

秋

秋

ブラムリーとブルーベリーのフラップジャックトレイベイク

ブラムリーとブルーベリーのフラップジャックトレイベイク

はじめてつくったトレイベイクは、
ブラムリーのフラップジャックでした。
甘酸っぱくて色味もきれいなブルーベリーも入れて
見た目にも楽しく仕上げます。

1台分(22×22cm、高さ4.5cmのスクエア型)

ショートブレッド生地

P.070(パイナップルとココナッツのトレイベイク)の「ショートブレッド生地」の、スペルト小麦の全粒粉を小麦の全粒粉に代えてつくります。

バター生地

P.038(いちごとルバーブとブラッドオレンジのクランブルトレイベイク)の、スペルト小麦の全粒粉を薄力粉120gに代えてつくります。

フラップジャック

バター(無塩)……**75g**

ブラウンシュガー……35g

ゴールデンシロップ*……**35g**

オートミール……130g

仕上げ

ブラムリー……150g(正味)

ブルーベリー……80g

*砂糖を精製する過程で副産物としてできる、薄茶色の糖蜜のこと。イギリスの家庭ではよく使われます。

型の準備

P.146型の準備(スクエア型・パウンド型)参照

フラップジャック

1 バター、ブラウンシュガー、ゴールデンシロップを鍋に入れて、弱火にかけます。バターが溶けはじめたら、木べらで混ぜながら温めて、バターをすべて溶かします。

2 ボウルにオートミールを入れ、1を熱いうちに加えて混ぜ合わせます{a}。

a

仕上げ

1 ブラムリーは、縦4等分に切って上下のへたと芯を取り除いてから、皮つきのまま厚さ8mm~1cmのいちょう切りにします{b}。厚みをそろえすぎないほうが食感が楽しくて好きです。

b

2 焼いてから冷ましたショートブレッド生地の上にバター生地を移し、ゴムべらで型の角まで広げて軽くならします。

3 ブルーベリーを散らして、1のブラムリーを刺すようにしてのせます{c}。ブラムリーを立ててバター生地に刺したほうが、寝かせてのせるよりもバター生地の水分が抜けやすくなる気がします。

c

4 フラップジャックをゴムべらで混ぜ直し、3のブラムリーの間にのせて少しならします{d}。165℃のオーブンで約45~50分焼いて、型に入れたまま冷まします。

d

e

秋

ブラムリーのアップルパイ

ブラムリーのアップルパイ

アップルパイは父が一番好きなケーキで、
何かあるといつもつくらされていました。
りんごはバターで煮てからパイ生地で包んで焼くので
味が一段階深まります。
ブラムリーならではのさわやかな酸味が、
口いっぱいに広がるアップルパイです。

1台分（直径24cm、高さ5.5cmの底取れ式ケーキ型）

スポンジ生地（直径21.5cm、高さ8.5cmのケーキ型1台分）

バター（無塩）……**25g**

全卵……**3個**

グラニュー糖……**80g**

薄力粉……**75g**

パイ生地（直径24cm、高さ5.5cmの底取れ式ケーキ型1台分）

A **薄力粉**……**270g**

　グラニュー糖……**45g**

　塩……**1g**

バター（無塩。スライスして冷やす）……**150g**

小麦ふすま（自家製粉した、粗めのふすま）……**15g**

冷水……**30〜45g**

果物

ブラムリー……**1200g**（正味）

バター（無塩）……**180g**

グラニュー糖……**480g**

シナモンパウダー……**大さじ1強**

仕上げ

溶き卵（塗り卵）……**適量**

型の準備

P.146型の準備（丸型の底だけにオーブンペーパーを敷く）参照

スポンジ生地

1 バターをスライスしてボウルに入れ、湯せんにかけて溶かします。溶けたら湯せんからはずし、冷めてから使います。

2 別のボウルに全卵とグラニュー糖を入れて軽く溶きほぐし、泡立て器で混ぜながら湯せんにかけたり外したりして、人肌くらいの温度に温めます。

3 2を高速のハンドミキサーで、白っぽくふんわりして、ホイッパーの筋が残るようになるまでしっかり泡立てます。中速にしてさらに混ぜ、次に低速にして、気泡が細かくなって生地につやが出るまでキメをととのえます。

4 3に薄力粉を半量ずつ加えて、そのつどゴムべらですくい上げるようにしてざっと混ぜ合わせます。まだ粉が残っているところで1を加え、少しつやっとして、すくい上げるとつーっと流れ落ちて下に積もる状態になるまで混ぜ合わせます。

5 準備した型に流し入れてざっと平らにならします。型を手で持って、底をポンポンと手のひらで軽くたたいて空気を抜き、180℃のオーブンで約20分焼きます。焼き上がったらすぐに型ごと台に軽く落として、型に入れたまま冷まします。

パイ生地

1 ふるったAをボウルに入れてバターに粉をまぶし{a}、フードプロセッサーに移します{b}。全体がさらさらになって、バターの小さい粒が少し残った状態になるまで回します{c,d}。バターをしっかり冷やしておくとつくりやすく、さくさくの食感に焼き上がります。

2 ボウルに移して小麦ふすまを加え{e}、手で混ぜます{f}。

3 真ん中をへこませて窪みをつくり、冷水を約30g入れます。まわりから粉を寄せるようにしてカードでざっと混ぜ合わせたら、カードですくっては反対側の手でにぎるようにして、水分と粉を合わせていきます{g}。水分が足りなそうなら、何回かに分けて水を加えながら、全体に水分が行き渡って生地がつながるまでなじませます。水分が少ないと、生地がかたくなってのばしにくくなります。

c

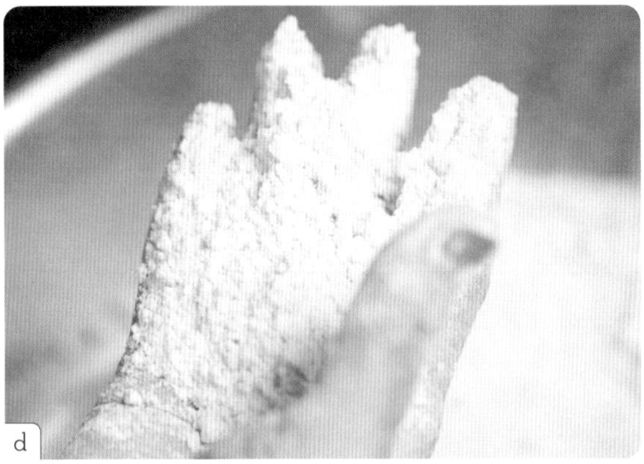
d

a

b

ボウルで粉を
まぶしてから
フードプロセッサーへ!

さらさらに

ふすまも
入れます!

e

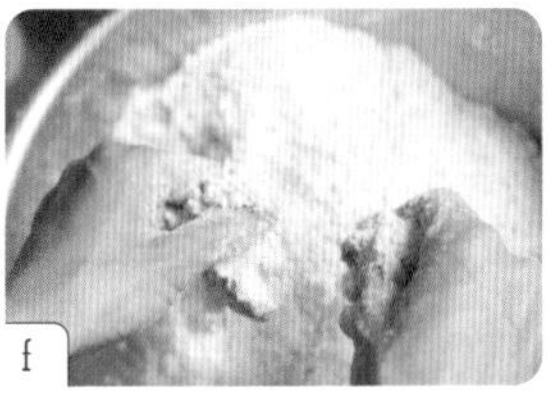
f

切り混ぜる!

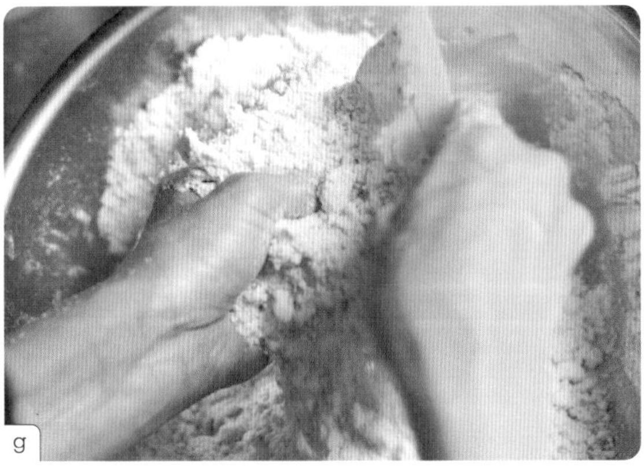
g

秋

4 カードで生地の一部を切り分け{h}、カードと手ではさんで持ち上げて{i}、粉っぽいところにのせてくっつけます{j}。これを粉っぽい部分がなくなるまでくり返してまとめていきます{k}。

5 ラップで包んで麺棒でざっとのばし{l}、冷蔵庫で生地の中心が冷えるまで約1時間休ませます。急いでいるときは薄くのばすと早く冷えます。冷やしている間に、ブラムリーを煮ます。

h

i

持ちあげて

j

のせる！

粉っぽいところが…
なくなりました！

k

l

平らにします

秋

とろとろ〜

果物

1 ブラムリーは、まず上下のヘタをくり抜いて、皮をむきます。次に縦4等分に切って芯を切り落とし、さらにざっと4等分に切ってボウルに入れます{りんごの切り方①〜⑤}。

2 鍋にバターとグラニュー糖を入れて、弱めの中火にかけます。バターが溶けてグラニュー糖となじみ、鍋肌がふつふつしてきたら{n}、1を加えて木べらで混ぜ、中火で煮ます。再び鍋肌がふつふつしてきたら全体を混ぜます。ブラムリーは煮くずれしやすいので、できるだけ混ぜず、果肉の食感が残るように軽く煮ています。

3 ブラムリーの角が少し取れて、縁が透きとおってくるまでさらに煮ます{o}。火を止めてシナモンパウダーを加え混ぜ{p}、そのまま冷まします{q}。

こう成ったら
ブラムリーを入れます

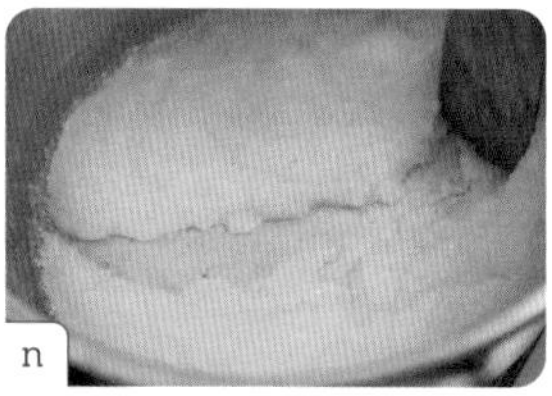

n

りんごの切り方

①

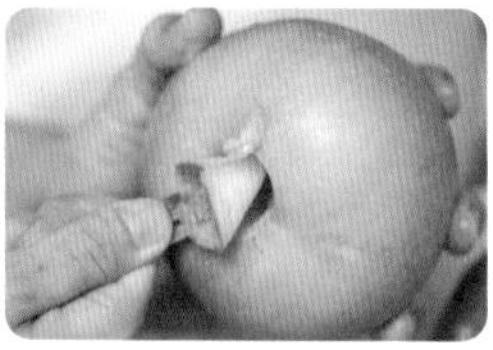

②

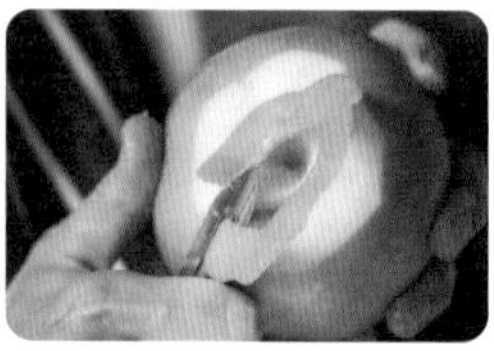

③

④

⑤

秋

o

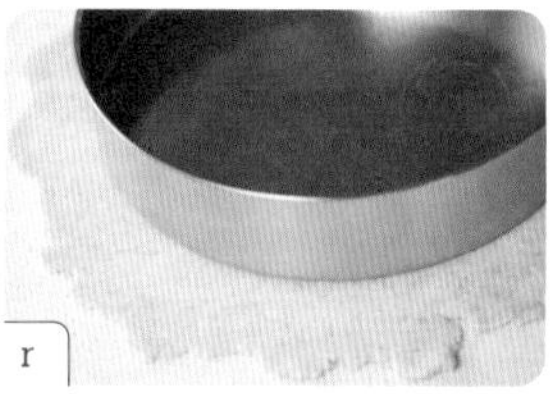

r

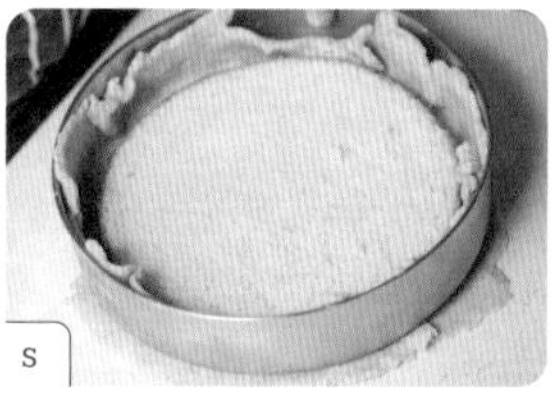

s

p

t

冷めたところ

q

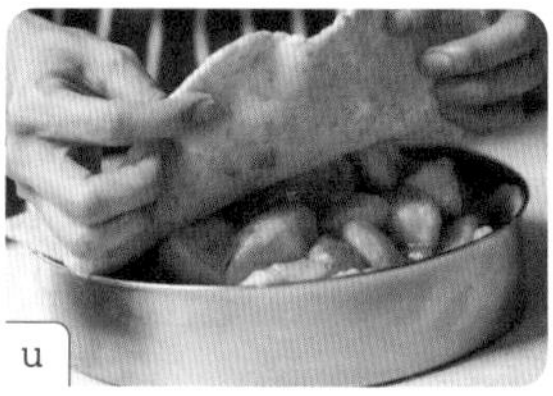

u

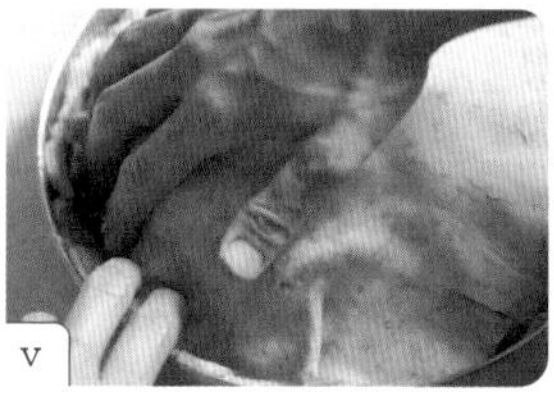

v

仕上げ

1 冷やしておいたパイ生地から$^{2}/_{3}$量を切り出して、半分に折って重ねます。台に打ち粉をふって、円形にのばしやすくなるよう、生地の角を台に軽く押しつけて角を丸めます。そして、型よりふたまわり大きい円形(直径約33cm)になるまで{r}、打ち粉をふって生地の向きを変えながら麺棒でのばします。

2 麺棒に巻きつけて持ち上げ、型にかぶせます。生地の端を持ち上げてたるませて、型の隅まで敷き込み、側面の生地は型に適当に貼って留めておきます。

3 スポンジ生地を型からはずして3等分の厚さ(約2cm)にスライスし、底に1枚敷きます。一番上か下の生地を使う場合は、切り口を上にして敷きます。こうすると、ブラムリーのおいしい煮汁を受け止めてくれたスポンジ生地とさくさくのパイ生地の両方が楽しめます。

4 残りのパイ生地を1と同じようにのばし、型と同じくらいの大きさ(直径24cm)にします{s}。

5 鍋の中の煮たブラムリーをレードルでそっと混ぜて上下を返します。型の側面に留めた生地に煮汁がつかないように気をつけながら、スポンジ生地の上に山の形にこんもりのせます。上から煮汁を適量かけて{t}、残った煮汁は取っておきます。お好みで、ローストして砕いたクルミをブラムリーに混ぜておくと、かりかりした食感が加わって楽しいです。

6 4のパイ生地をかぶせ{u}、2で側面に留めた生地とブラムリーの間に端を入れ込みます{v}。

7 かぶせた生地の縁に、塗り卵を刷毛で塗ります。打ち粉を手につけて型の側面から生地をはがし、塗り卵を塗ったところにかぶせて軽く押さえ、生地同士をくっつけます{w}。

8 表面に塗り卵を刷毛で塗り、5で取っておいた煮汁も塗ります{x}。リンゴの種をイメージして、真ん中にペティナイフで放射状に4カ所小さな空気穴を開け{y}、180℃のオーブンで約35～40分焼いて型に入れたまま冷まします。

お好みでアイスクリームやブラムリーの煮汁をかけて食べるのもおすすめです!

w

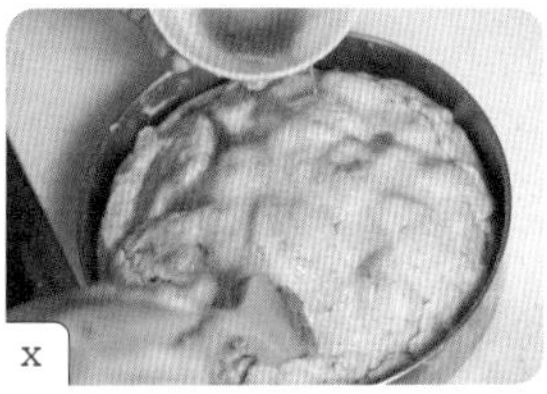

x

y

焼きあがり!

秋

りんご、カレンツ アーモンドホワイト → P.102

秋

りんご、カレンツ アーモンドホワイト

もゆちゃん（スタッフ）の失敗がきっかけで生まれたおかし。
ジンジャーケーキの生地にジンジャーではなく、
シナモンを入れてしまったので、
シナモンと相性のよいリンゴとカレンツを混ぜてみました。

1台分（底9×22cm、上11×24cm、高さ7cmのパウンドケーキ型）

バター生地

バター（無塩。スライスして室温に戻す）……**140g**
ブラウンシュガー……**200g**
全卵……**115g**
A **薄力粉**……**175g**
　ベーキングパウダー……**9g**
　シナモンパウダー……**小さじ1/2**
　塩……**ひとつまみ**
B **ヨーグルト**……**30g**
　牛乳……**30g**
紅玉……**65g**（正味）
カレンツ……**50g**

アーモンド入りバタークリーム

バター（無塩。スライスして室温に戻す）……**100g**
粉糖……**230g**
牛乳……**10g**
アーモンド（皮つきのホール）＊……**15g**

＊アーモンドは天板にのせて165℃のオーブンで約15分、しっかりローストして冷ましておきます。

型の準備

P.146型の準備（スクエア型・パウンド型）参照

バター生地

1 ボウルにバターを入れて泡立て器でクリーム状にします。ブラウンシュガーを加えて、ざらっとした感じがなくなるまですり混ぜます{a}。

2 溶いた全卵の1/3量くらいを加え、なめらかで少しぷりんとしたクリーム状になるまで泡立て器ですり混ぜます{b}。

3 Aをふるって、1/5量くらい加えてすり混ぜ、しっかり生地をつなげます。

4 残りの全卵のうち半量くらい{c}→Aの残りのうち1/4量{d}→残りの全卵すべて→Aの残りのうち1/3量→混ぜ合わせたBの半量{e}→Aの残りのうち少量{f}→混ぜ合わせたBの残りすべて{g}→Aの残りのうち少量{h}の順番に加えて、そのつど2~3と同じようにすり混ぜます。

5 Aの残りをすべて加えてすり混ぜ、しっかり生地をつなげます。少しつやっとしてきたら、ゴムべらで底からすくい上げるようにして混ぜてムラをなくします{i}。

6 紅玉は上下のヘタをくり抜いてから、縦4等分に切って芯を切り落とし、1.5cm角くらいの角切りにします。

7 カレンツはお湯で洗ってオイルコーティングを落とし、網にあけて水気を切ります。紅玉とともに生地に加え{j}、混ぜ合わせます。

8 準備した型に流し入れて、ゴムべらでざっと平らにならします{k,l}。160℃のオーブンで約50分焼いて、型に入れたまま冷まします。

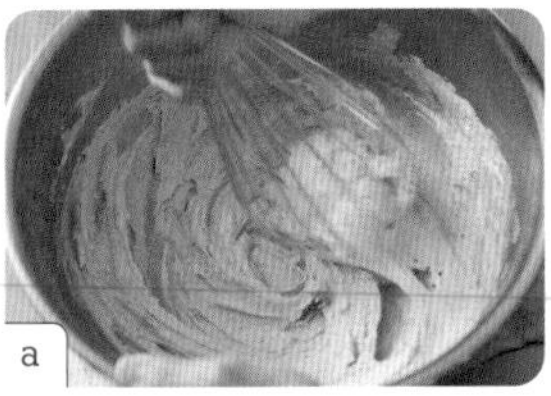
a

b

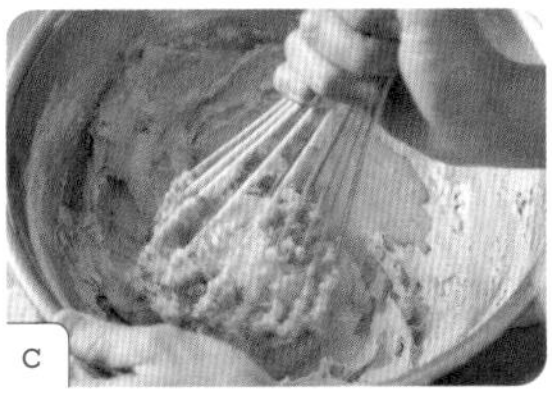
c

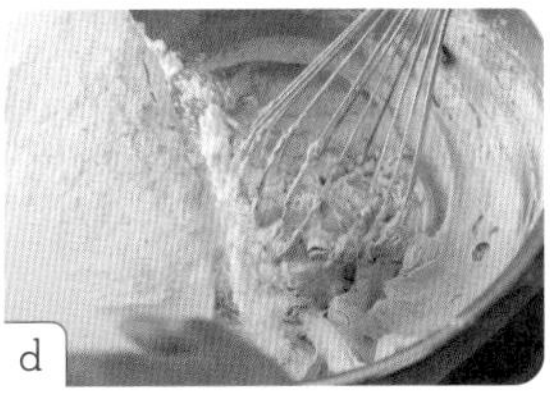
d

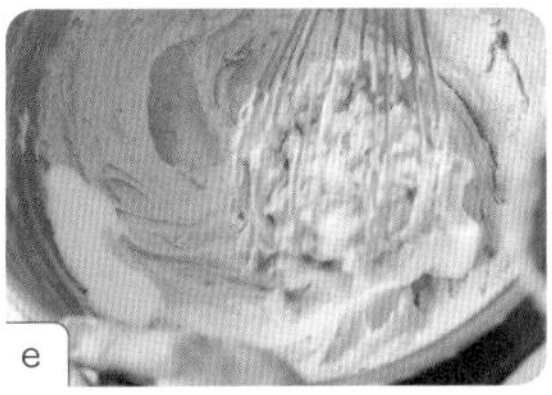
e

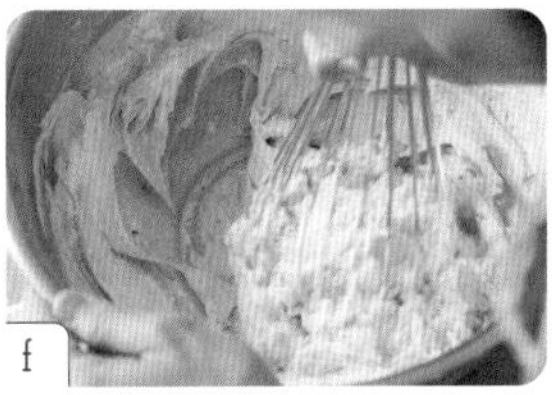
f

g

粉と乳製品は
小分けにして
少しずつ混ぜます

h

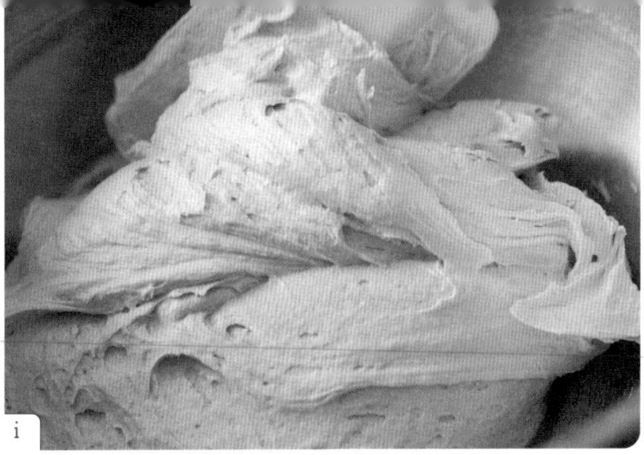
i

j

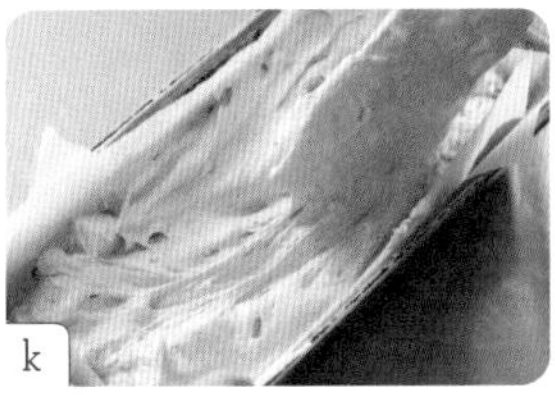
k

l

m

アーモンド入りバタークリーム

1 ボウルにバターを入れて、泡立て器でクリーム状にします。ふるった粉糖と牛乳を加えて、泡立て器で少し白っぽくなるまですり混ぜてから、ゴムべらで底からすくい上げるようにして混ぜてムラをなくします。

2 ローストしたアーモンドを縦にスライスするように細かくきざみます。1に加えて{m}、ゴムべらで混ぜ合わせます。

仕上げ

1 冷ましておいたケーキを型からはずしてアーモンド入りバタークリームをのせ、パレットナイフで表面に塗ります{n,o}。縁からあふれ出したバタークリームをすり切って側面を整え{p}、上の面はパレットナイフの先で縦筋を描くようにしてざっとならします{q}。

n

o

p

q

グラニースミスのアップサイドダウンケーキ

薄切りにしたグラニースミスをシロップで煮て、
きれいに並べてアップサイドダウンケーキにしました。
グラニースミスを煮たスパイス入りのシロップを
最後にたっぷりとしみこませます。
スパイスとりんごのさわやかな香りが広がる
見た目にも楽しい秋色のケーキです。

1台分（直径24cm、高さ5.5cmの底取れ式ケーキ型）

果物

グラニースミス……**320g**（正味）

きび砂糖……**100g**

水……**100g**

A **シナモンスティック**……**2かけ**

カルダモン……**3個**

クローブ……**3個**

レモンの皮……**1/3個分**

スターアニス……**1/2かけ**

アニスシード……**小さじ1/6**

コリアンダーシード……**小さじ1/2**

バター生地

バター（無塩。スライスして室温に戻す）……**220g**

きび砂糖……**220g**

全卵……**220g**

B **薄力粉**……**165g**

ベーキングパウダー……**9g**

塩……**ひとつまみ**

アーモンドパウダー……**55g**

型の準備

P.146型の準備（丸型の底だけにオーブンペーパーを敷く）参照

果物

1 グラニースミスは、上下のヘタをくり抜いてから、縦4等分に切って芯を切り落とし、厚さ約2mmの薄切りにします。

2 鍋にきび砂糖と水を入れて火にかけます。沸騰したのち、少し煮詰まって泡の消え方がゆっくりになってきたらAを加え混ぜ{a}、続いて1を加えて木べらで混ぜ、オーブンペーパーで落としぶたをして弱火で煮ます。グラニースミスから少し水分が出てきたら上下を返して{b}、オーブンペーパーを元に戻し、火を止めてそのまま冷まします。すると、余熱でちょうどよく火が入ります{c}。

a

b

弱火

冷めたところ

c

バター生地

1 ボウルにバターを入れて泡立て器でクリーム状にし、きび砂糖を加えて白っぽくなるまですり混ぜます。

2 全卵を溶きほぐして1/3量くらいを加え{d}、なめらかでぷりっとした状態になるまですり混ぜます。

3 Bをふるって1/5量くらいを加え{e}、すり混ぜてしっかり生地をつなげます。

4 Bの1/5量くらいと残りの全卵を順に加えて{f, g, h}、そのつどすり混ぜてしっかり生地をつなげます。

5 残りのBにふるったアーモンドパウダーを混ぜ合わせ、そのうち1/5量を加えてすり混ぜます{i}。生地がつながったら残りも加えて同じように混ぜ、少しつやっとしてきたら{j}、ゴムべらで底からすくい上げるようにして混ぜてムラをなくします{k}。

d

たまごと粉は
小分けにして
少しずつ
混ぜます

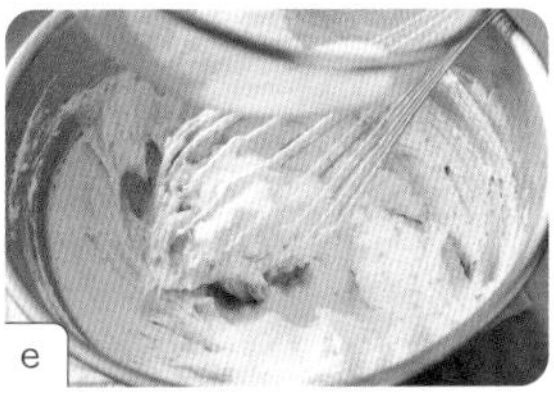
e

h

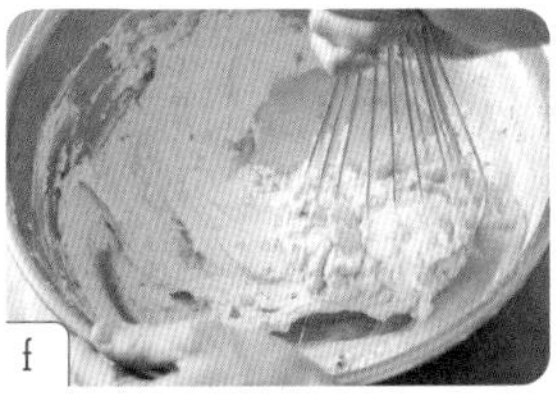
f

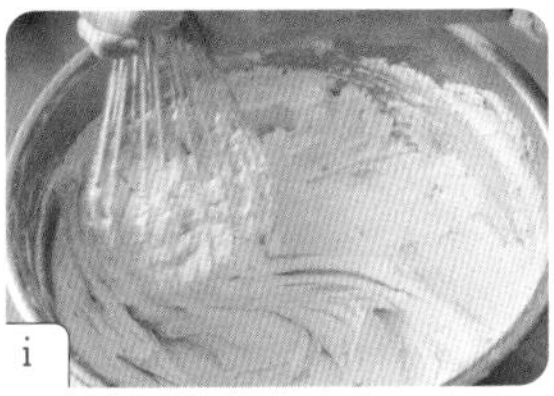
i

g

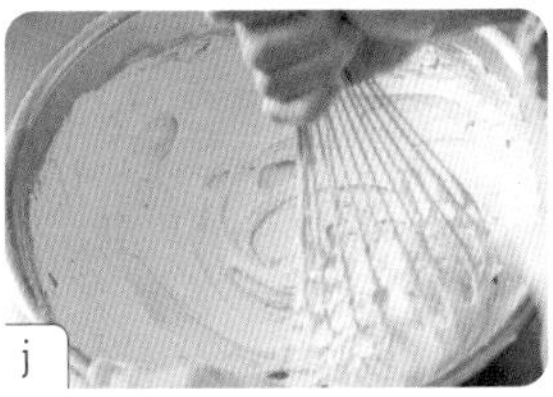
j

ふっくら！

k

仕上げ

1 煮たグラニースミスを網にあけて、煮汁は鍋に戻し入れます。ひっくり返して型からはずしたときにきれいに見えるように、型にグラニースミスを少しずつ重ねながら隙間なく並べます{l}。

2 バター生地を流し入れて、ゴムべらで生地を端まで広げてざっと平らにならします{m}。165℃のオーブンで35～40分焼きます。

3 もうすぐ焼き上がりそうになったら、1の煮汁を入れた鍋を火にかけます。沸騰してから、泡が少しゆっくり消えるようになるまで煮詰めます{n}。

4 手でさわると弾力が感じられるようになったら焼き上がり。焼き上がったらすぐに、パレットナイフを側面の生地と型の間に差し入れて型からはずします。ひっくり返してお皿にのせ、オーブンペーパーをはがしたら熱いうちに、3を刷毛ですべて塗ってしみこませ{o}、冷まします。冷めてからシロップを塗ると、しみこみにくくなってしまいます。

l

型から
ぬいたときのことを
イメージして
ならべます

m

n

秋

熱いうちに
しみこませます！

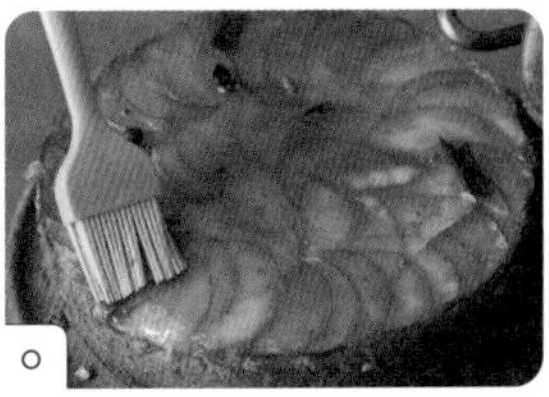
o

秋

洋なしのトライフル ⟶ P.108

秋

P.110 ←— 洋なしスパイスチョコレート

洋なしのトライフル

洋なしをレモン、カルダモン、
コリアンダーシードやバニラと一緒に
シロップ煮にしました。
生クリームとカスタードに
香りがうつってうっとりします。
そんなさわやかなおいしさが広がる
トライフルは、できれば、
冷蔵庫で一晩寝かせてから
食べるのがおすすめです。

つくりやすい分量（底直径5cm、上直径7.5cm、高さ5.5cmのグラス）

洋なしのシロップ煮

洋ナシ……540g（正味）

グラニュー糖……70g

レモンの皮……1/2個分

カルダモン＊2
……小さじ1/2弱

コリアンダーシード
……小さじ1/2

バニラビーンズペースト
……少量

クリーム

生クリーム（乳脂肪分35%）
……100g

グラニュー糖……10g

仕上げ

スポンジ生地＊1

P.095（ブラムリーのアップルパイ）と同じもの。

シロップ

P.020（いちごのトライフル）と同じもの。

ゆるいカスタード

P.020（いちごのトライフル）と同じもの。

デコレーション用の粉糖
……適量

＊1 厚さ3cmにスライスして、グラスの底の大きさに合わせて抜いておきます。

＊2 さやから出した種を乳鉢ですりつぶしたもの{a}。P.032（ブラッドオレンジのマフィン）参照。

a

洋なしのシロップ煮

1 洋ナシは上下のヘタをくり抜いて、皮をむきます。縦4等分に切って芯を切り落とし、約1.5cm角の角切りにして{b}、ボウルに入れます。グラニュー糖もボウルに加えます。

2 レモンの皮をできるだけ白い部分が入らないように薄くむいて、食感が残る程度に粗くきざみ、1に加えます。食べると、ところどころでレモンが当たる感じにしたかったので、皮だけを入れています。カルダモン、コリアンダーシード、バニラビーンズペーストも加えて{c}、ゴムべらで混ぜ合わせます{d}。

3 鍋に移して強火にかけます{e}。洋ナシの角が取れて、少し煮詰まってとろみが出てくるまでゴムべらで混ぜながら煮ます{f}。

4 ボウルに移して、粗熱が取れたら冷蔵庫で冷やします。

クリーム

秋 1 生クリームにグラニュー糖を加え、中速のハンドミキサーでとろんとやわらかく角が立つまで泡立てます（7分立てにします）。

b

c

d

e

f

仕上げ

1 スポンジ生地を1枚入れ、シロップをたっぷりとふくませます。

2 ゆるいカスタード約40gと洋なしのシロップ煮約30g(シロップもあわせて)を順に重ねます。

3 1~2をくりかえします(洋なしのシロップ煮だけ2の半量に)。

4 クリームをこんもりと盛り、粉糖をふったらできあがり!

秋

洋なしスパイスチョコレート

洋なしが好きです。
スパイスとチョコレートが合わさるのも好きです。
好きなものと好きなものを合わせてつくったのが
このパウンドケーキです。
洋なしは生地となじみやすいように
スライスして混ぜ込んでみました。

1台分（底9×22cm、上11×24cm、高さ7cmのパウンドケーキ型）

バター生地

バター（無塩。スライスして室温に戻す）……**135g**
ブラウンシュガー……**185g**
全卵……**125g**
A **薄力粉**……**190g**
　ベーキングパウダー……**9g**
　重曹……**1g**
　パンデピス用ミックススパイス（ル・ジャルダン・デ・エピス→P.149）……**2g**
　塩……**ひとつまみ**
B **ヨーグルト**……**35g**
　牛乳……**35g**
洋ナシ（ラ・フランス）……**70g**（正味）
ビターチョコレート（P.149）……**50g**

仕上げ

きび砂糖……**約15g**

型の準備

P.146型の準備（スクエア型・パウンド型）参照

1 バター生地はP.102（りんご、カレンツ アーモンドホワイト）の「バター生地」の、シナモンパウダーの代わりに重曹とミックススパイスを入れ、1〜5と同じようにつくります。{a}。

2 洋ナシは上下のヘタをくり抜いて、皮をむきます。縦4等分に切って芯を切り落とし、厚さ3〜4mmのイチョウ切りにします{b}。

3 2とビターチョコレートを1の生地に加えて{c}、混ぜ合わせます{d}。

a

ふっくら！

秋

b

c

d

4 準備した型に流し入れて、ゴムべらでざっとならし{e,f,g}、きび砂糖をふります{h,i}。きび砂糖をふると、表面がおいしそうに焼き上がります。160℃のオーブンで約50分焼きます。焼けたかどうかは竹串を刺すか{j}、生地を軽く押さえてゆすって確かめています{k}。型に入れたまま冷まします{l}。

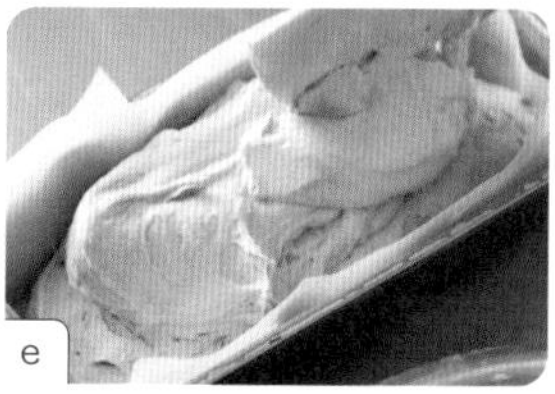
e

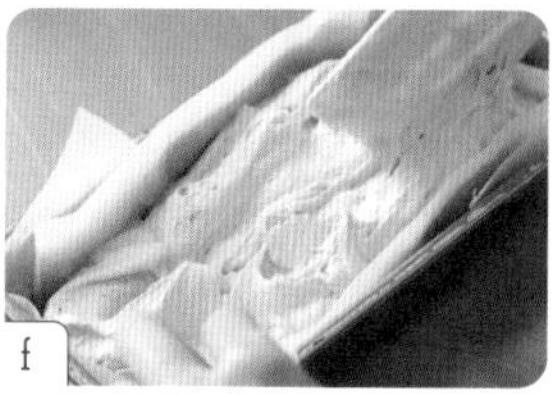
f

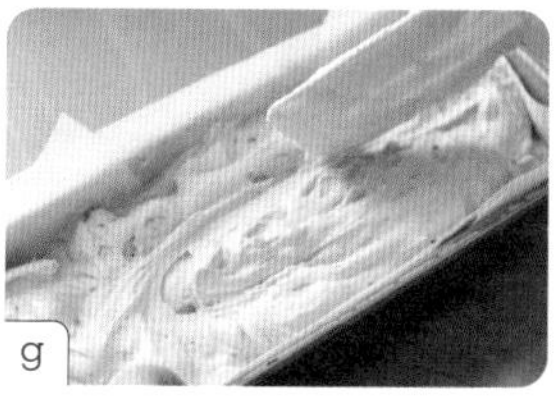
g

h

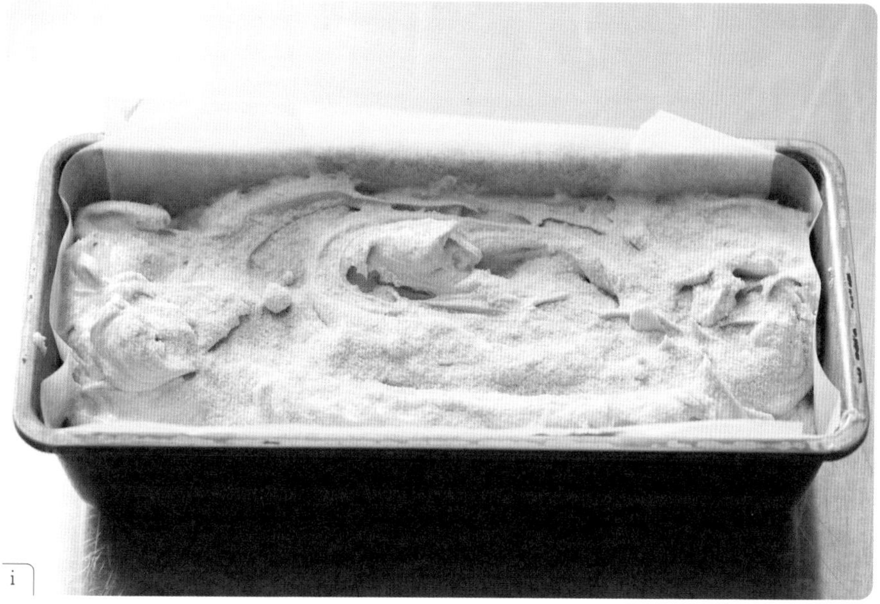
i

j

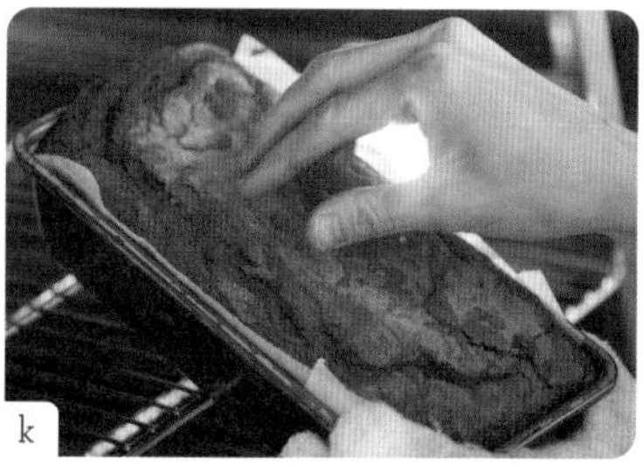
k

焼きあがり!

l

クッキーやビスケットをかじりながら、あたたかい飲みものを持って外を歩くのが好きです。冬は、そういうお楽しみがもっと楽しくなる季節。おかしもチョコレートやスパイスを使った少し濃厚なものが食べたくなります。フレッシュな果物の種類は少なくなり、お店に届くのはいちごや柑橘が主になります。でも、そればかり使うのではつまらないので、寒い季節のために、ドライフルーツを漬けたり、ジャムをたっぷり仕込んだりしておくのが、夏の大事な仕事のひとつになっています。

クリスマスはおかし屋としては忙しくてちょっと大変な行事ですが、それでもやっぱりとてもワクワクします。この時季に、ヨーロッパで開かれるクリスマスマーケットというクリスマスの準備のための市をめぐったことがあります。イギリスでは、クリスマスプディングやスパイスビスケットなどの焼き菓子や、クリスマスジャムやクリスマスチャツネと名付けられた瓶詰め、クリスマスティーという名のスパイスティーなどが並んでいました。これら含め、クリスマスをもっと楽しく過ごすためのものをカゴに詰め合わせた〝クリスマスハンパー〟というものがあって、この時期に贈り合う習慣があるのだそうです。

サンデーベイクショップでも、12月になるとジンジャーブレッドなどのスパイスビスケットやモルドワイン（イギリスのホットワイン）のジュレ、クリスマスフルーツケーキといったクリスマスのおかしを並べ、クリスマスハンパーも毎年用意しています。クリスマスハンパーは、クリスマスがもっと楽しくなる詰合せにしたくて、クリスマスフルーツケーキやスパイスビスケット、ジャムやチャツネ、ミンスパイなど、もりもり詰め込んで、クリスマスを待つ日々をより楽しくしていただけたらって思っています。

クリスマスフルーツケーキはイギリスのクリスマスのケーキのひとつで、ミンスミートという、スパイスやお酒と一緒に寝かせたドライフルーツがたっぷり入る、どっしりしたケーキです。うちのは、フレッシュなりんごと、ラム酒にさっと漬けたドライフルーツもミンスミートに混ぜて、生地の存在感もしっかりと味わえるくらいの量を加えて軽やかめにつくり、バタークリームでおおっています。

そして、クリスマス菓子といえば欠かせないのが、ミンスミートを詰めたミンスパイ。クリスマスから1月6日のエピファニー（公現祭*）までの間に12個食べるとその一年を幸せに過ごせる、と言われているそうです。

*東方の三博士がキリストの誕生を祝いに訪れたことを記念するキリスト教の祭日。

冬

冬は重めの味がほしくなるので、ドライフルーツやナッツが活躍します。生の果物はおかし全体に味わいが行き渡りますが、ドライフルーツはおかしの中に独立した状態で甘みや風味がある気がします。ナッツやドライフルーツだけで使うとちょっと重い感じもするので、フレッシュな果物と組み合わせることが多いです。よく使うナッツとドライフルーツはアプリコット、レーズン、クランベリー、カレンツ、チェリー、オレンジピール、アーモンド、クルミなど。ピスタチオやヘーゼルナッツ、カシューナッツも使います。オイルコーティングされているドライフルーツは使う前にお湯でコーティングをしっかり洗い落とすと、水分を含んでやわらかくなり、扱いやすくもなります。ナッツもドライフルーツも新鮮なうちに使いたいので、ストックする種類が多くなりすぎないようにしています。

ナッツと ドライフルーツ

みかんは果肉ではなくて皮を使います。食べておいしい状態のものは皮がやわらかすぎて味も香りもぼんやりしているので、間引きのためなどに収穫した未完熟のものが手に入ったときにだけ使います。レモンは、瀬戸内海の「しまなみレモン」(セーフティフルーツ社)のものを使っています。酸味がさわやかで香りがよく、皮のエグみが少ないので、レモンカードやレモンケーキのほか、いろいろなおかしに活躍してくれます。

かんきつ

バナナ

バナナは一年中手に入りますが、少し重たい感じがでるので、寒い季節に使うことが多いです。朝に食べるイメージがあって、バナナケーキやマフィンなど、朝ごはんにも向くおかしによく使います。パッションフルーツやイチゴ、キウイなど酸味のある果物と合わせてジャムにすることも。若いうちは青くさい味がするので、室温にしばらく置き、皮が茶色くなって、しわっとなるまでしっかり追熟させてから使っています。

クリスマスフルーツケーキ → P.118

P.124 ⟵ ミンスパイ

クリスマスフルーツケーキ

ミンスミートをたっぷりと混ぜ込んだ、
イギリス伝統のリッチなケーキ！
わたしはどうしても粉が好きなので、
本場のものにくらべて生地のおいしさを
もうちょっと楽しめる配合にしました。
バタークリームには
自家製ラムレーズンを入れています。

1台分（直径24cm、高さ5.5cmの底取れ式ケーキ型）

フルーツケーキ

A **紅玉**＊1……**100g**
ドライクランベリー……**50g**
レーズン……**50g**
オレンジピール（P.128）……**30g**
クルミ＊2……**50g**
ミンスミート（P.123）……**180g**
パンデピス用ミックススパイス（P.149）……**小さじ1**
ラム酒（ダーク）＊3……**50cc**

バター（無塩。スライスして室温に戻す）……**175g**
ブラウンシュガー……**175g**
全卵……**3個**

B **薄力粉**……**175g**
ベーキングパウダー……**8g**
塩……**ひとつまみ**

自家製ラムレーズンの漬け汁＊4……**大さじ3**

バタークリーム

バター（無塩。スライスして室温に戻す）……**150g**
粉糖……**350g**
牛乳……**大さじ1**
自家製ラムレーズン＊4……**20g**（漬け汁少量と合わせて）

仕上げ

デコレーション用の粉糖……**適量**

＊1 上下のヘタをくり抜いてから縦4等分に切り、芯を切り落として、約1cm角に切ってから計量します。

＊2 160℃のオーブンで約12分、しっかりローストして冷ましておきます。

＊3 ラム酒はJ・レイ＆ネフュー社の「オールドジャマイカ ラム50°」というダークラムを使っています。

＊4 自家製ラムレーズンのつくり方：レーズンはお湯で洗ってオイルコーティングを落とし、網にあけて水気を切ります。煮沸消毒した瓶に入れてラム酒（ホワイトとダークを1:3の割合で合わせたもの）をひたひたに加え、ブランデーも少量加えます。ふたをして涼しいところに1ヶ月以上おいてから使います。

型の準備

P.146型の準備（丸型の底だけにオーブンペーパーを敷く）参照

フルーツケーキ

1 Aのドライクランベリーとレーズンは、お湯で洗ってオイルコーティングをしっかり落とし、網にあけて水気を切ります{a}。クルミは粗くきざみます。

a

2 ボウルにA(1も)をすべて入れて、ゴムべらでよく混ぜ合わせます{b}。

3 別のボウルにバターを入れて泡立て器でクリーム状にし{c}、ブラウンシュガーを加えて白っぽくなるまですり混ぜます{d}。

b

c

d

これくらい
白っぽくなるまで
まぜます！

4 溶いた全卵を半量ずつ加え、そのつどすり混ぜてしっかり生地をつなげます{e, f, g}。

ぐるぐる

e

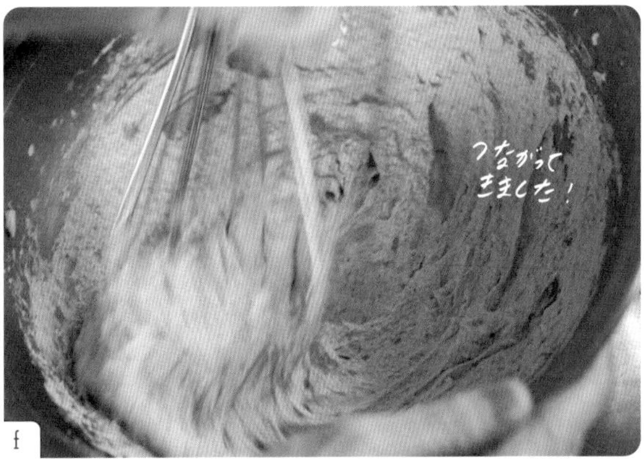

f

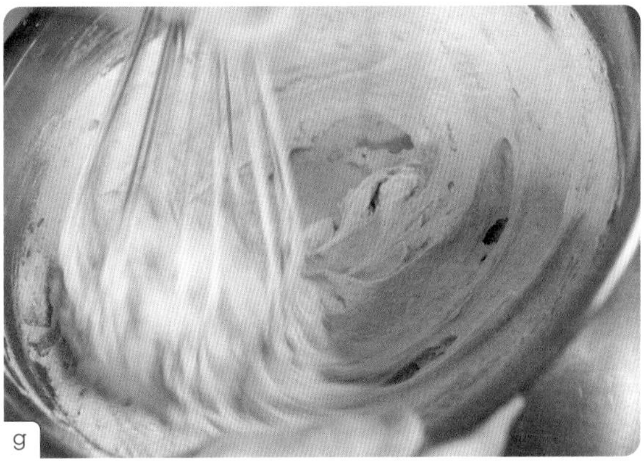
g

つながった！

冬

5 Bをふるって1/3量ずつ加え、そのつどすり混ぜてしっかり生地をつなげます{h, i, j, k, l}。少しつやっとしてきたら{m}、ゴムべらで底からすくい上げるように混ぜてムラをなくします。粉類は一度に加えると混ざりにくくて生地にムラができやすいので、何回かに分けて加えるようにしています。

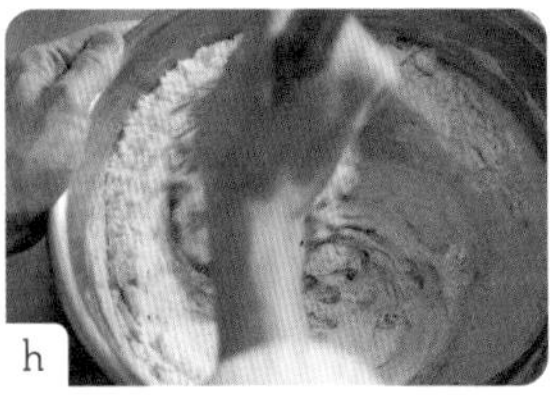
h

さいしょの1/3

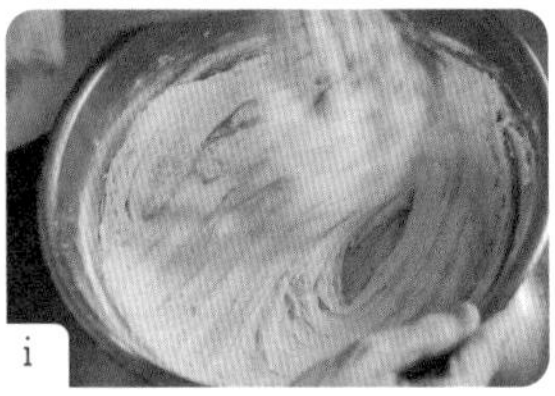
i

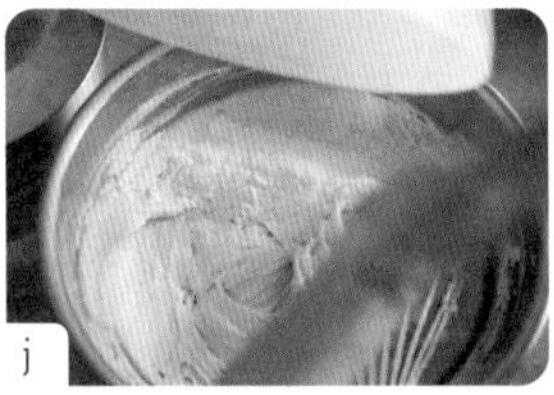
j

2回目の1/3

k

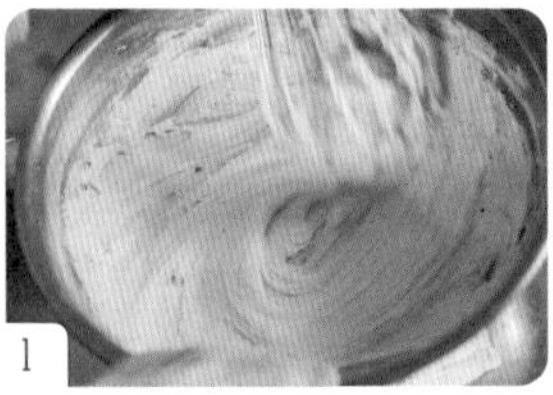
l

3回目の粉もまぜて

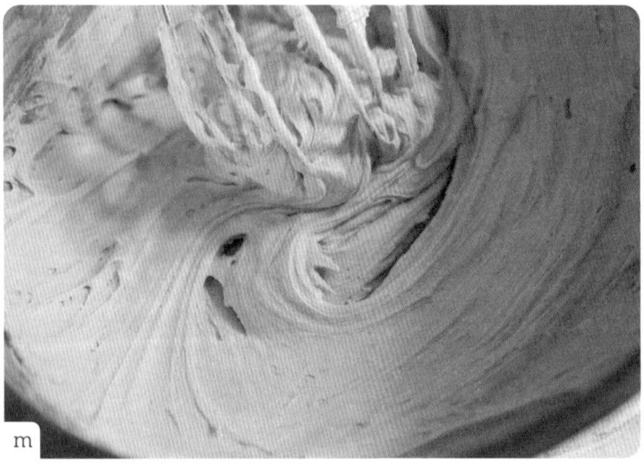
m

しっかり
つながりました！

6 2に5をひとすくいずつ加えて、そのつどよく混ぜます{n}。生地の半分くらいを混ぜたら、5のボウルに戻し入れて{o}、底からすくい上げるようにしてやさしく混ぜ合わせます{p}。ドライフルーツをいきなりすべて生地に加えると、うまく混ざらないので、生地を少しドライフルーツに混ぜてから残りの生地と合わせています。

n

生地ひとすくいを
まず混ぜて、

混ぜたものを
生地に加えます

o

p

生地をつぶさないように
気をつけて、
すくうようにしてまぜます

冬

7 型に流し入れて、ゴムべらの先で縁まで広げてざっと平らにならします{q}。

8 160℃のオーブンで約50分焼きます{r}。 焼き上がったらすぐに、自家製ラムレーズンの漬け汁をスプーンで表面にかけてしみこませ{s}、型に入れたまま室温で冷まします。

q

表面はこんな感じにざっくりととのえています

r

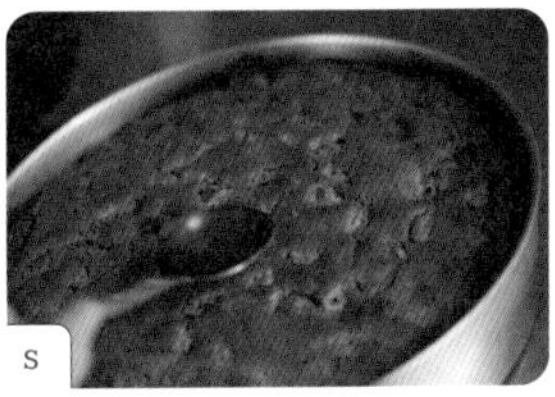

s

しみしみ

バタークリーム

1 ボウルにバターを入れ、泡立て器ですり混ぜてクリーム状にし、粉糖を加えます{t}。牛乳も加えて、泡立て器で少し白っぽくなるまですり混ぜたら{u}、ゴムべらに持ちかえて全体を混ぜてムラをなくします。

2 自家製ラムレーズンを粗くきざんで、漬け汁ごと加えてよく混ぜ合わせます{v, w, x}。

t

u

これくらい白っぽくなったらラムレーズンを加えます

v

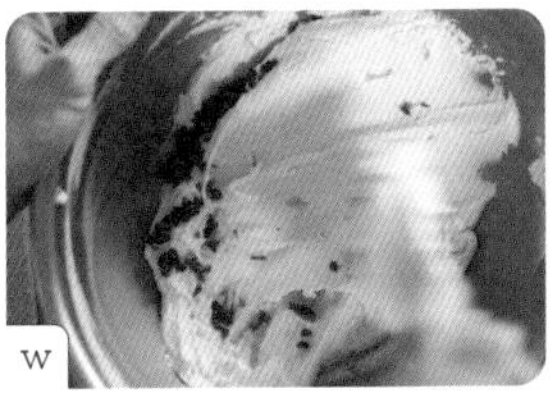

w

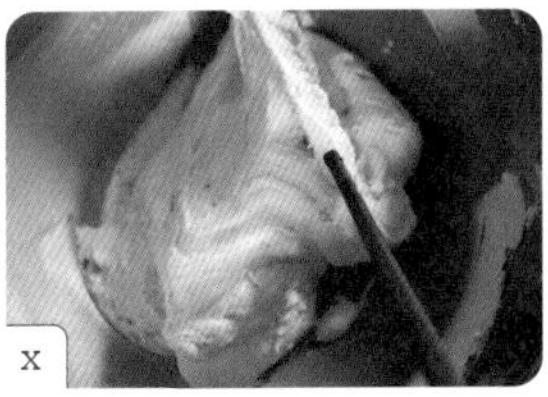

x

冬

仕上げ

1 型とスポンジ生地の間にペティナイフを1周差し入れて、生地を型からはずします。次に、波刃包丁で横半分にスライスします。まず、半分の高さのところにぐるりと一周浅く切り込みを入れてから、それに沿って波刃包丁で切ると、きれいに半分に切れます。最後に、底についたオーブンペーパーをはがします。

2 下の生地の切り口にバタークリームを適量のせて、パレットナイフで広げてざっと平らにならします。縁から少しはみ出すように広げておくと、あとで側面をクリームで覆うときに塗り残しができにくくなります{y}。上の生地をかぶせます{z}。

3 表面と側面にバタークリームを薄く塗ります。残りのバタークリームをすべてのせ、パレットナイフの先をケーキの表面に当てて、円を描くように滑らせて凹凸の模様をつけながら塗ります。

4 デコレーション用の粉糖を全体にふりかけます。できたてはふんわりとしたやわらかさが楽しめて、冷蔵庫で2～3日休ませたものは生地とクリームがなじんで一体感がでます。どちらもおいしいです。

y

ちょっと
はみださせるのが
コツ！

z

クリームを表面に
ぬっていきます

①

②

③

④

ミンスミート

スパイスやドライフルーツ、お酒をたっぷり入れた
ミンスミートは、クリスマスのにおいがします。
ブラムリーが届く9月から10月に仕込み、
仕込んでから1ヶ月くらい寝かせてから使います。
1年熟成させると、香りに重厚感が生まれるので、
多めにつくって一部を来年の分としています。

2L以上の瓶ひとつ分

A レーズン……280g
カレンツ……160g
ドライクランベリー……160g
ドライチェリー……160g
ドライアプリコット……160g
オレンジピール(P.128)……160g
レモンの皮……2個分

B アーモンド(皮つきのホール)*1……40g
クルミ*1……40g

ブラムリー……400g(正味)

C クローブパウダー……小さじ1/4
ナツメグ(すりおろす)……小さじ1/4
パンデピス用ミックススパイス(P.149)……大さじ1 1/2
シナモンパウダー……小さじ1
牛脂*2……120g
ブラウンシュガー……140g
赤糖……140g
レモン果汁……2個分
オレンジ果汁……2個分

D ラム酒(ゴールド)……25g
ラム酒(ホワイト)……25g
キルシュ……15g
カルヴァドス……15g
ブランデー……20g

*1 アーモンドとクルミは、それぞれオーブンでしっかりローストして冷ましておきます。アーモンドは165℃で約15分、クルミは160℃で約12分が目安です。

*2 イギリス・ATORA社の「Shredded Beef Suet」を使っています。牛脂に小麦粉を合わせてあり、粒状になっているものです。

1 Aのうち、レーズン、カレンツ、ドライクランベリー、ドライチェリーは、お湯で洗ってオイルコーティングをしっかり落とし、網にあけて水気を切ります。ドライアプリコットは約7mm角に、オレンジピールは5mm角にきざみます。レモンはぬるま湯で洗ってから、皮をできるだけ白い部分が入らないように薄くむき、食感が残る程度に粗くきざみます。

2 Bを粗くきざみます。

3 ブラムリーは縦4等分に切って、上下のヘタと芯を切り落とし、目の粗いチーズおろし器で皮ごとすりおろします{a}。

4 1、2、3、Cをボウルに入れます。レモンとオレンジを搾ったあとに搾り器に残った果肉も加えて、木べらでよく混ぜ合わせます{b,c}。ラップフィルムを、混ぜたものの表面にぴったり密着させてかけ、ボウルにもラップフィルムをかけて、室温で一晩寝かせます。

5 ラップフィルムをはずし{d}、アルミホイルをかけて密閉し{e}、120℃のオーブンに約1時間入れます。つくる量を増やす場合は、オーブンに入れる時間を長くしてください。アルミホイルをかぶせたまま冷まします。混ぜるだけでもよいのですが、火を入れておくと長期間保存しても安心で、味わいがより深くなるような気がします。

6 完全に冷めたらDを加え、木べらで混ぜ合わせます。瓶に入れてふたを閉め、涼しいところ(夏は冷蔵庫)で最低1ヶ月くらい寝かせてから使います。

a

b

c

d

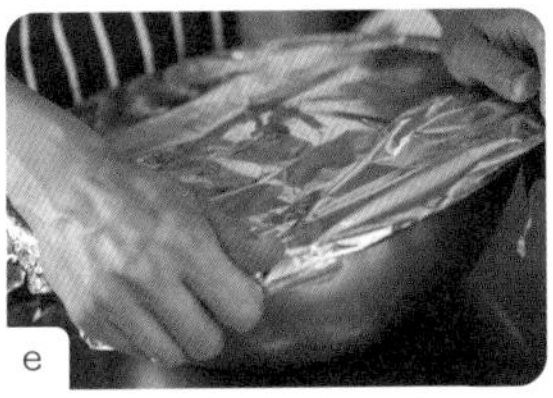
e

左は1年、右は1ヶ月熟成させたものです。1年経つと色は濃く、香りは重厚になって、ねっとりします。

ミンスパイ

イギリスでいろいろなお店のミンスパイを
食べ歩いたことがあります。
リッチなミンスパイもとてもおいしかったのですが、
軽やかなコーヒーやワインと合わせたいなーと思ったので、
それらと合わせて楽しいように
パイの割合を多めにして、中にマジパンをかくした
ミンスパイにしました。

12個分（底径4cm、口径6cm、高さ2cmのミンスパイ型）

マジパン

アーモンドパウダー（皮なし）……**130g**

グラニュー糖……**130g**

全卵……**1個**

パイ生地

P.096（ブラムリーのアップルパイ）と同じようにしてつくります。

A **薄力粉**……**270g**
グラニュー糖……**45g**
塩……**1g**

バター（無塩。スライスして冷やす）……**150g**

冷水……**30〜45g**

仕上げ

ミンスミート（P.123）……**240g**

溶き卵（塗り卵）……**適量**

グラニュー糖（粗粒）……**適量**

型の準備

ミンスパイ用の型に室温に戻したバター（分量外）を刷毛で薄く塗ります。

マジパン

1 ボウルにアーモンドパウダーとグラニュー糖を入れて、泡立て器でよく混ぜます。リッチな味わいにするために、アーモンドパウダーはイタリア産やスペイン産など、油脂分が多いものを使っています。

2 全卵を加えて木べらで混ぜます。ざっとなじんだら、上から押しつぶすようにして{a}、ペースト状になるまでしっかり混ぜ合わせます。

3 カードで一部を切り分け{b}、カードと手ではさんで持ち上げ{c}、ボウルに残った部分にのせてくっつけます{d}。これをムラがなくなるまでくり返してまとめていきます{e}。つくりたてでも使えますが、冷蔵庫で一晩寝かせるとなじんでじゃりじゃりしなくなり、扱いやすくなります。

a

切りわけて

b

持ちあげて

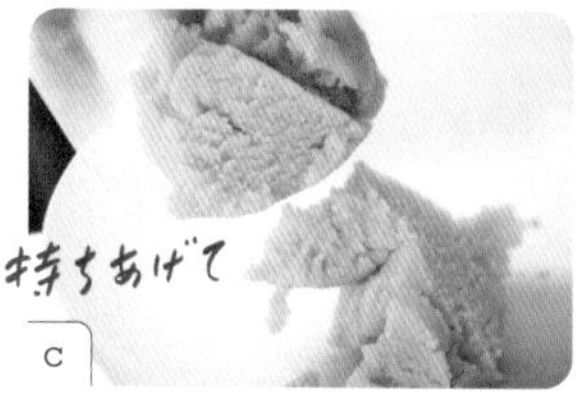
c

のせる！

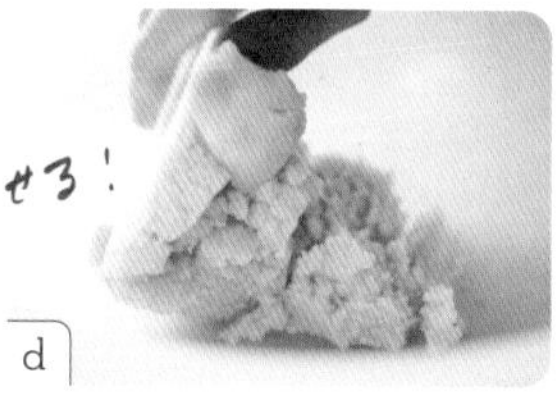
d

できあがり！

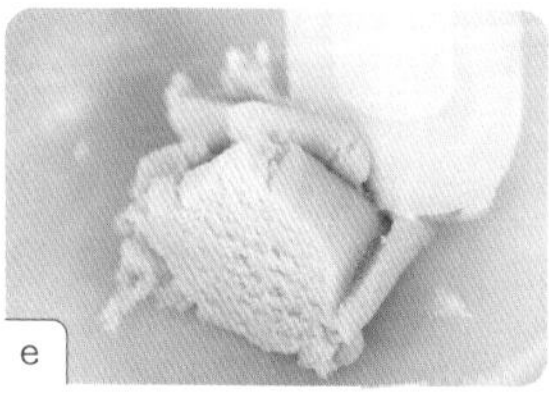
e

冬

仕上げ

1 打ち粉をふった台にパイ生地を取り出し、生地の角を台に軽く押しつけて丸めます。生地の両脇に厚さ5mmのバールを置き、生地に打ち粉をふり、向きを変えながら麺棒で厚さ5mmにのばします{f}。直径6cmの円形の抜き型で12枚抜き{g}、冷蔵庫で冷やしておきます。

2 残りの生地は厚さ2mmのバールを使って、1と同じように厚さ2mmにのばします。星形の抜き型（1の抜き型にちょうど入る大きさのもの{h}）で12枚抜き{i}、冷蔵庫で冷やしておきます。

3 1の生地を台にのせ、打ち粉をふって回転させながら、麺棒で直径約9cm、厚さ約2mmにのばします。ひと回り小さい抜き型で抜いてからミンスパイ型に合わせてのばすと、上手に薄くのばせます（{j} 左が抜いたままの生地で、右がのばした生地）。

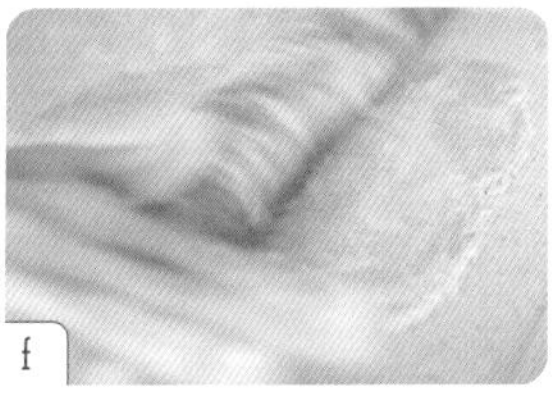
f

g

h

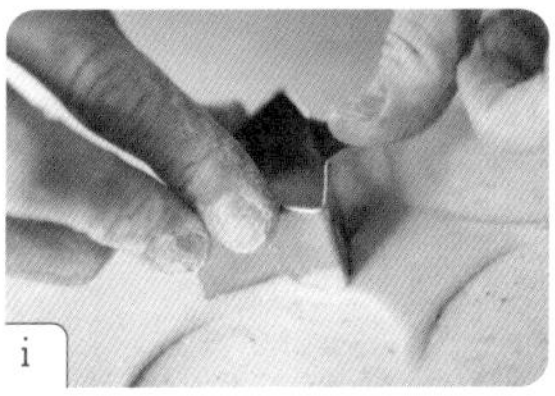
i

j

抜いてから
さらに
のばしています

4 生地の一部を折って円錐状にして{k}、型に入れます。こうすると、生地がたくさん食べられるところと少ないところができて、味のムラが生まれて楽しいです。生地を指先で軽く押さえて型に密着させ、フォークで底に穴をあけます。

5 マジパンを4~5gずつに切って、生地の真ん中に置きます。その上にミンスミートを20gずつのせます{l}。

6 2の星形の生地をかぶせて、真ん中を指で押さえて生地とミンスミートを密着させます{m}。塗り卵を刷毛でたっぷり塗って、グラニュー糖をふりかけます{n}。

7 185℃のオーブンで約15~20分焼きます{o}。茶漉しで粉糖をふり、すぐに型からはずして{p}、網にのせて冷まします。温かいうちに型からはずさないとくっついて抜けにくくなることがあり、すぐ抜くほうが生地もさくっとします。

k

たたんで敷きこみます

l

o

m

p

n

冬

オレンジのスコーン ミンスミートクロテッドクリーム → P.128

P.129 ←— ミンスミートのショートブレッド

オレンジのスコーン
ミンスミートクロテッドクリーム

ミンスミートと
クロテッドクリームを混ぜて、
オレンジピールのスコーンにはさみ、
ほろ苦いキャラメルをかけました。

7個分

オレンジのスコーン

A **薄力粉**……**290g**
　スペルト小麦の全粒粉……**60g**
　きび砂糖……**80g**
　ベーキングパウダー……**12g**
　パンデピス用ミックススパイス（P.149）……**3g**
　塩……**2g**

バター（無塩。スライスして冷やす）……**85g**

牛乳……**120g**

ヨーグルト……**80g**

オレンジピール＊1（5mm角にきざむ）……**60g**

溶き卵（塗り卵）……**適量**

キャラメル

グラニュー糖……**100g**

水……**15g**

お湯……**150g**

仕上げ

クロテッドクリーム……**100g**

ミンスミート（P.123）……**60g**

＊1 オレンジの皮を水から1回ゆでこぼし、さらに、苦みが抜けるまで30分ほど水からゆでます。網にあけて冷まし、余分なワタをそぎ落とします。グラニュー糖と水を同量ずつ合わせて沸かしてシロップをつくります。煮詰まってきて、泡の消え方がゆっくりになってきたら下ゆでした皮を入れてひと煮立ちさせます。分量は、下ゆでした皮100gに対して、水とグラニュー糖がそれぞれ130gずつです。煮沸消毒した瓶に入れ、お好みでスパイスを加えて保存し、使うときにきざみます。

1 ボウルにAをふるい入れ、バターを加えて粉類をまぶします。風味が出ておいしいので、ふるいに残ったふすまや粗い粒もボウルに入れます。

2 フードプロセッサーに移し、全体が少し黄色くなってさらさらしてくるまで回します。

3 ボウルに移して、手のひらをお椀状に丸めて粉をすくい上げ、両手をこすり合わせます。これを、全体がしっとりとして、粉に重みが出て、色が少し濃くなるまでくり返します。

4 牛乳とヨーグルト、オレンジピールを混ぜて加えます。ボウルを回しながら、カードで底から手早くすくい上げて混ぜ合わせます。

5 生地がひとまとまりになったら、台の上に取り出して打ち粉をし、手のひらで奥へ押し出しては手前に返します。これを、生地がべたつかなくなるまで、10回ほどくり返します。

6 打ち粉をして麺棒で厚さ3cm弱にのばし（一番生地）、直径5cmくらいに抜きます（1個約95g）。残った生地は手でざっとまとめ（二番生地）、厚さ約2cmにのばしてひとまわり大きい円形に抜きます。生地が厚すぎると、焼く間に、いったん膨らんだあと、上半分がずり落ちやすくなります。二番生地は縮みやすいので、一番生地よりも薄くして大きく抜いています。

7 オーブンペーパーを敷いた天板に並べ、塗り卵を塗ります。200℃のオーブンで約8分焼き、165℃に下げてさらに約10～15分焼きます。

キャラメル

1 グラニュー糖を鍋に入れて水を加え、鍋を傾けてなじませます。火にかけ、鍋をそっとゆすりながら全体を徐々に焦がします。

2 深い赤褐色になったら、火を止めます。お湯を2～3回に分けて加えて、そのつど木べらで混ぜてなじませます。

仕上げ

1 クロテッドクリームとミンスミートをボウルに入れて、ゴムべらで混ぜ合わせます。

2 オレンジのスコーンを横半分に切り、下の生地の切り口に1をたっぷりとのせます。キャラメルをかけて、上の生地をかぶせます。

ミンスミートのショートブレッド

ミンスミートを混ぜて焼いた、
クリスマスのショートブレッドです。
バターの風味が広がる生地と、
熟成させたドライフルーツの深いコクと
スパイスの香りとがよく合って、
ひとつ、またひとつと手がのびます。

30〜35個分（直径4cm、厚さ1cm）

バター（無塩。スライスして室温に戻す）……**125g**
グラニュー糖……**50g**
A **薄力粉**……**250g**
　塩……**2g**
牛乳……**15g**
ミンスミート（P.123）……**70g**

1 ボウルにバターを入れて、泡立て器でクリーム状にします。グラニュー糖を加えて、少しふわっとするまで泡立て器でよくすり混ぜます。グラニュー糖は、粉糖よりも粒が大きいので、口のなかでほぐれるような食感の生地になります。

2 Aをふるって、その半量と牛乳を1に加えてすり混ぜます。全体がなじんだら、ゴムべらに持ちかえて、ミンスミートを混ぜ合わせます。

3 Aの残りをすべて加えて混ぜます。全体がざっとなじんだら、底からすくい上げようにして混ぜます。

4 カードで生地の一部を切り分け、カードと手ではさんで持ち上げて、粉っぽいところにのせてくっつけます。これを粉っぽい部分がなくなるまでくり返してまとめていきます{a}。ひとまとまりにしてラップフィルムで包み、生地がかたく締まるまで冷蔵庫で休ませます。

5 台の上に取り出して適当な大きさに割り、それぞれを手のひらでつぶしてかたさをとります。次にそれらを重ねてさらにこね、カードでひとまとめにし、向きを変えながら両手でこねて、ムラがなくてのばしやすいかたさにします。

6 打ち粉をふり、途中で生地を回転させながら麺棒で厚さ1cmにのばし、直径4cmくらいの円形に抜きます。残った生地をざっとまとめて、同じようにのばして抜きます。これをもう一度くり返します。

7 シルパンを敷いた天板に並べ、串を生地に深く刺していくつか穴をあけます{b}。125℃で約1時間焼き、そのまま冷まします。

a

生地の
できあがりは
こんな感じ！

b

冬

冬

レモンのビクトリアスポンジ → P.132

P.133 ←— 上がじゃりっとしたレモンのケーキ

レモンのビクトリアスポンジ

ジャムの代わりにレモンカードをはさみました。
さわやかな酸味の、とろりとしたレモンカードと、
しっかりしたミルクの風味のある
ジャージーバターのクリームが
コクのあるスポンジ生地によく合います。

1台分（直径21cm、高さ7.5cmの底つきケーキ型）

レモンカード

レモンの皮……1/2個分

全卵……2個

グラニュー糖……75g

レモン果汁……50g

バター（無塩。細かく切って室温に戻す）……**40g**

仕上げ

スポンジ生地

P.025（いちごのビクトリアスポンジ）と同じもの。

バタークリーム

P.025（いちごのビクトリアスポンジ）と同じもの。

デコレーション用の粉糖……適量

型の準備

P.146型の準備（丸型の底だけにオーブンペーパーを敷く）参照

レモンカード

1 レモンはぬるま湯で洗ってから、皮をできるだけ白い部分が入らないように薄くむき、食べたときに邪魔にならないように細かくきざみます。

2 ボウルに全卵、グラニュー糖を入れて、レモン果汁を搾り入れます。泡立て器で溶きほぐしながらよく混ぜ、網で漉して別のボウルに入れます{a}。

3 2に1とバターを加えてざっと混ぜます。湯煎にかけて{b}、ゴムべらで混ぜながらバターが溶けてとろみがつくまで火を入れます。ゴムべらですくって落とすと少しこんもりと跡が残るくらいになったら{c}、すぐにボウルの底に氷水を当てて、ゴムべらで混ぜながら冷やします{d}。

仕上げ

P.025（いちごのビクトリアスポンジ）と同じように仕上げます（イチゴジャム約195gの代わりに冷やしたレモンカード全量をはさみます）{e}。

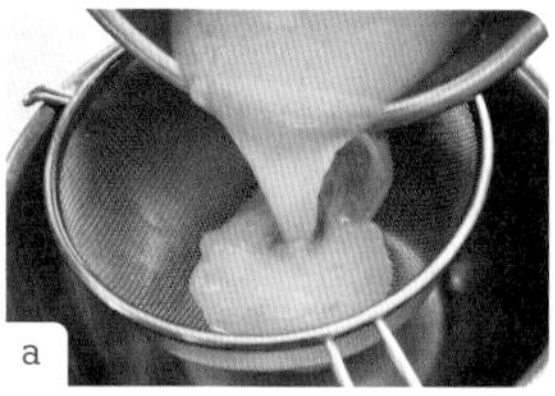
a

b

これくらい
とろみがついたら
冷やします

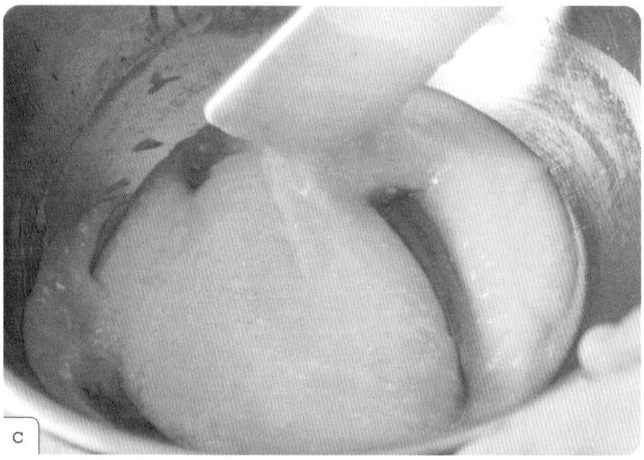
c

d

e

冬

上がじゃりっとした レモンのケーキ

レモンの香りいっぱいのケーキの上に
レモンの果汁とお砂糖を混ぜてたっぷりとかけてあり、
じゃりっと楽しい食感になっています。
イギリスで初めて食べたときに、
こんなケーキがあるんやねーと、びっくりしたおかしです。

1台分（底9×22cm、上11×24cm、高さ7cmのパウンドケーキ型）

レモンの皮……**1個分**
グラニュー糖A……**200g**
バター（無塩。スライスして室温に戻す）……**155g**
全卵……**140g**
A **薄力粉**……**210g**
ベーキングパウダー……**10g**
B **牛乳**……**45g**
ヨーグルト……**45g**
グラニュー糖B……**125g**
レモン果汁……**40g**

型の準備
P.146型の準備（スクエア型・パウンド型）参照

1 レモンはぬるま湯で洗ってから、皮をできるだけ白い部分が入らないように薄くむき、食感が残る程度に粗くきざみます{a}。グラニュー糖Aをボウルに入れ、そこに加えて混ぜ合わせておきます{b}。

2 ボウルにバターを入れて、泡立て器でクリーム状にします。1を加えて{c}、ざらっとした感じがなくなるまですり混ぜます{d}。

3 溶いた全卵の半量くらいを加え{e}、なめらかで少しぷりんとしたクリーム状になるまで泡立て器ですり混ぜます{f, g, h}。

4 Aをふるって1/5量くらいを加え{i}、すり混ぜてしっかり生地をつなげます。

a

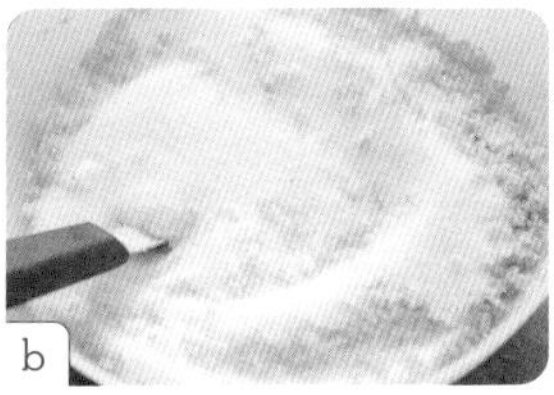
b

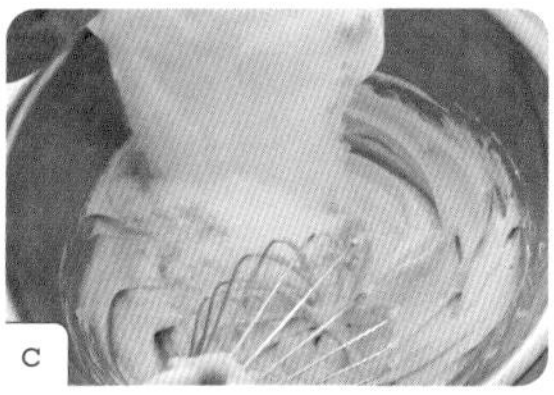
c

おさとうの
ざらざらした感じが
なくなったところ

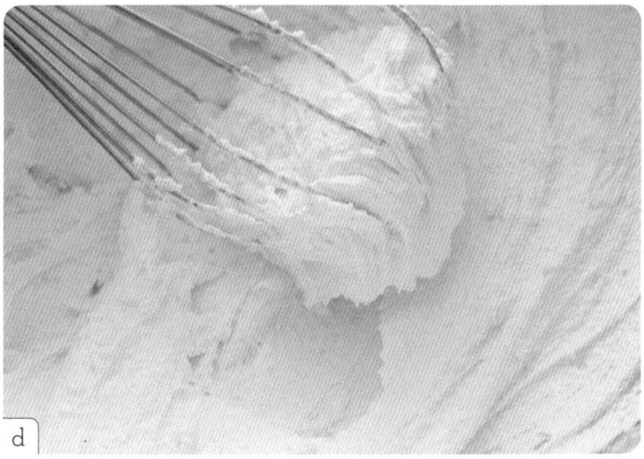
d

e

たまごは
まず半分！

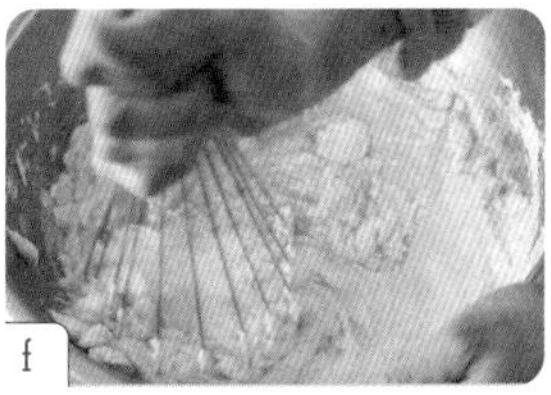
f

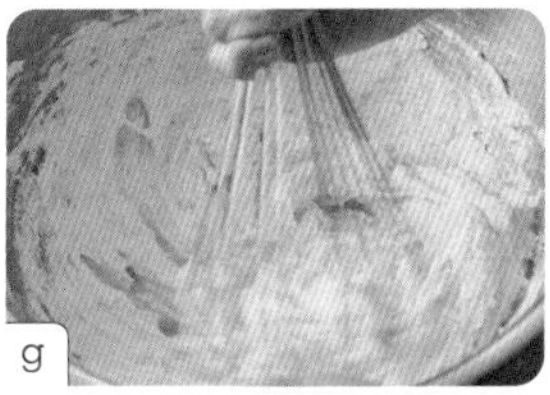
g

つながったら…

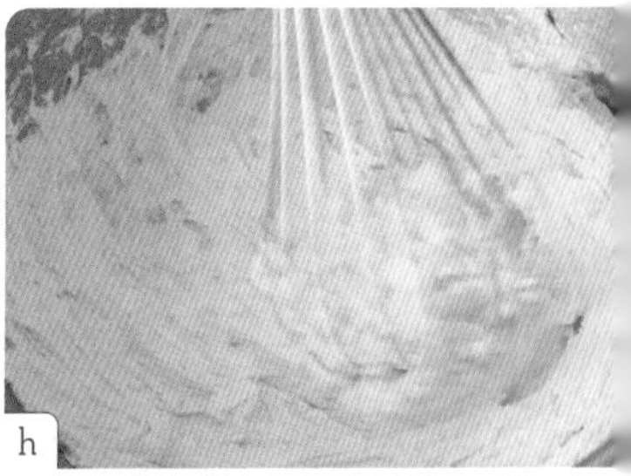
h

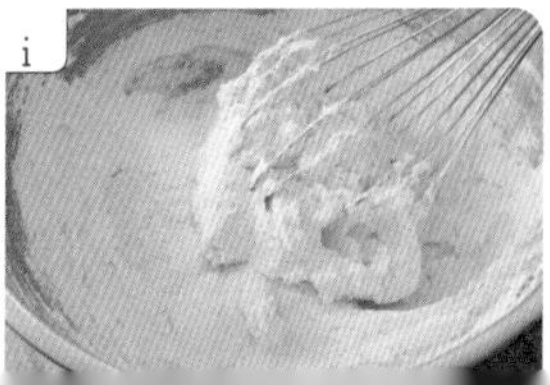
i

粉類を
1/5くらい
入れます

5 Bを混ぜ合わせておきます。全卵の残りすべて{j,k}→Aの残りのうち1/4量くらい{l}→Bのうち半量{m,n,o}→Aの残りのうち1/3量くらい{p,q}→Bの残りすべて{r,s}→Aの残りのうち半量くらい{t,u}→Aの残りすべてを順番に加えて{v}、そのつどすり混ぜて{w}、しっかり生地をつなげます。少しつやっとしてきたら{x}、ゴムべらで底からすくい上げるようにして混ぜてムラをなくします{y}。

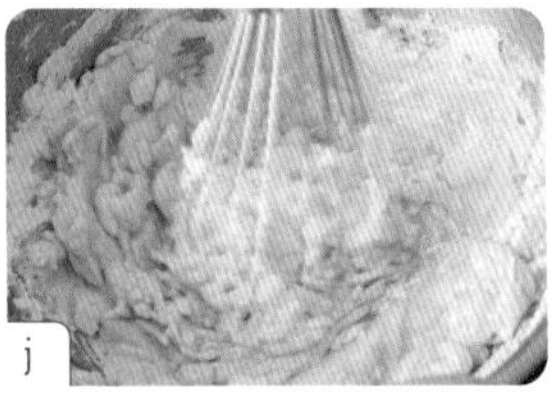
j

たまごの残りを
全部入れて

k

つながったら

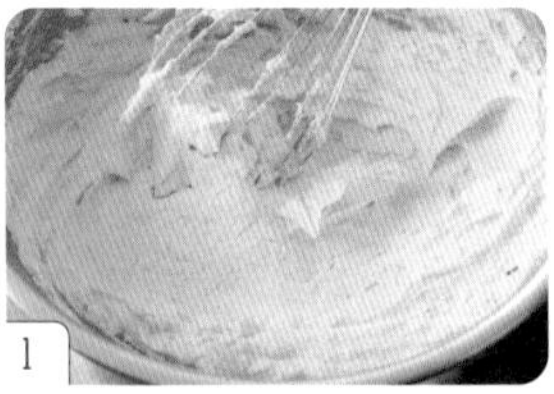
l

粉類の残りのうち
1/4くらい入れます

m

牛乳と
ヨーグルトを
半分入れて

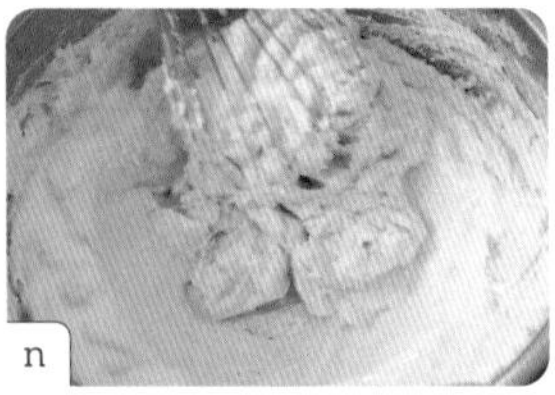
n

まぜまぜ

o

よく混ざったら

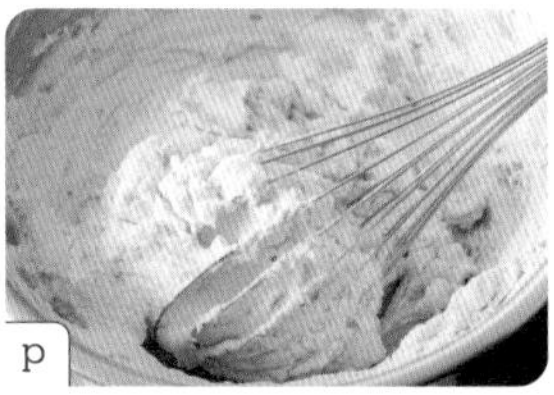
p

粉類の残りの
1/3を

q

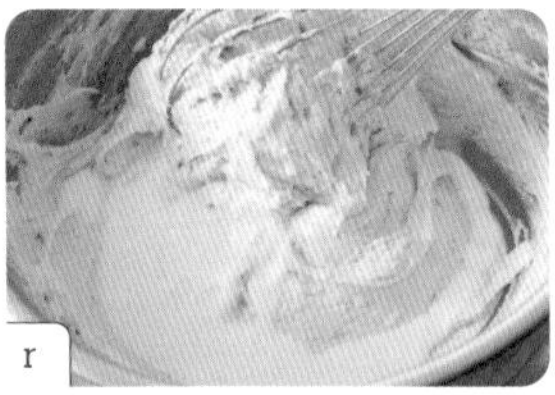
r

牛乳とヨーグルトの
残りを全部

s

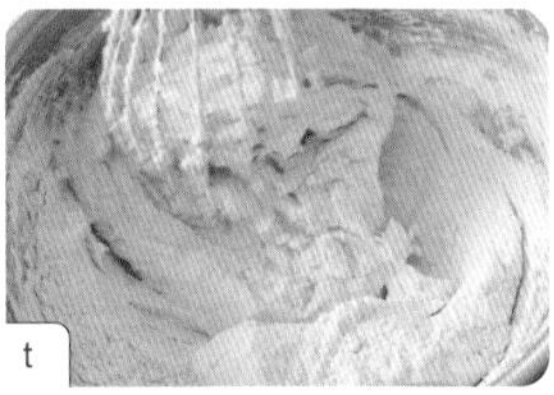
t

粉類の
残りのうちの
半分を
入れます

u

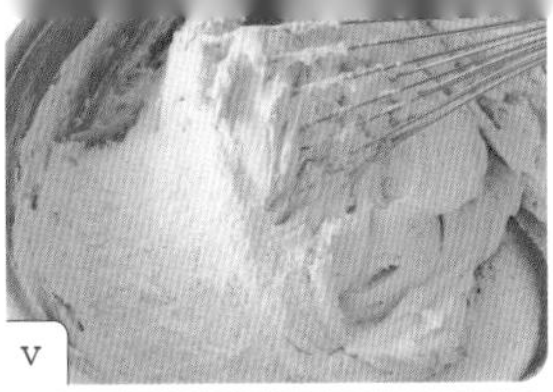
v

混ぜりきらないうちに
残りの粉類を
入れます

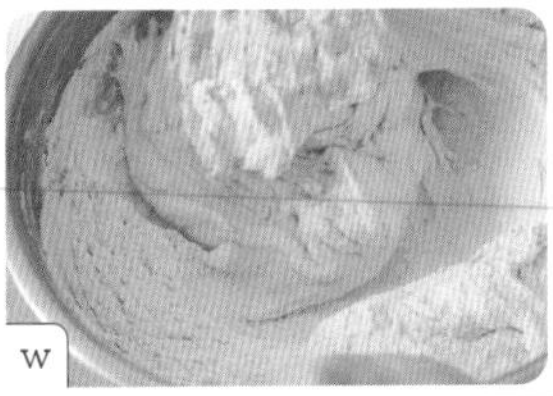
w

つやっ！

x

y

混ぜムラ
なーし！

6 準備した型に流し入れて、ゴムべらでざっと平らにならします{z}。165℃のオーブンで約45分焼きます。

7 焼き上がりそうになったら、ボウルにグラニュー糖Bとレモン果汁を入れて、刷毛でさっと合わせます。グラニュー糖のじゃりじゃりした感じを残したいので、合わせる程度にします。

8 焼き上がったら、熱いうちに7を刷毛でたっぷりとのせるようにして塗ります。型に入れたまま網にのせて冷まし、表面を乾かします。

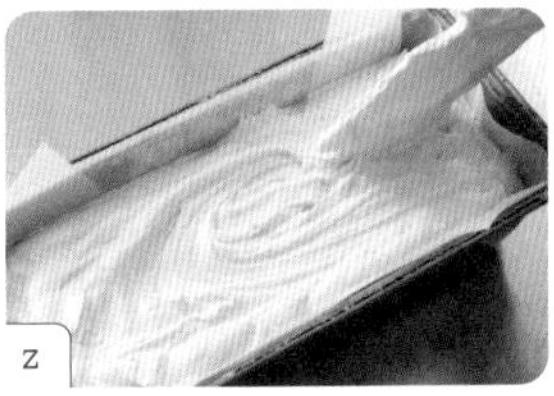
z

表面は
ざっくり
ととのえます

焼きあがり！

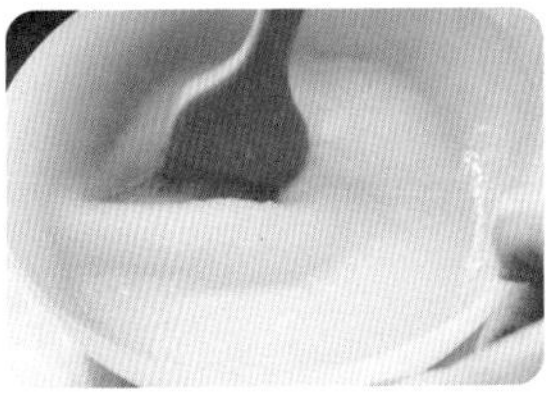

冬

クランベリーカルダモン → P138

クランベリーカルダモン

サクサクとしていて、口の中でほどける、
バターたっぷりの生地に、
大好きなカルダモンを混ぜています。
甘酸っぱさのアクセントのドライクランベリーは
切り口を水玉もようみたいにかわいくしてくれています。

約28個分

ドライクランベリー
……**15g**

A **薄力粉**……**125g**
グラニュー糖A……**50g**
塩……**1g**
カルダモン（殻の中の種をすりつぶしたもの。P.032（ブラッドオレンジのマフィン）参照）
……**小さじ1/2**

バター（無塩。スライスして冷やす）
……**95g**

グラニュー糖B（粗粒）
……**適量**

1 ドライクランベリーはお湯でしっかり洗ってオイルコーティングを落とし、網にあけて水気を切ります。

2 Aをふるってボウルに入れ、バターを加えます。バターに粉をまぶしながらちぎり{a,b}、指先でもみこむようにしてなじませます。混ざってきたら、両方の手のひらではさんでこすり合わせるようにして{c}、全体が黄色っぽくなってしっとりするまでなじませます。フードプロセッサーを使う場合は、すべての材料を入れ、さらさらとした状態になるまで回してからボウルに移し、しっとりするまで同じようになじませます。

3 2がまだ少しほろほろしているうちに1を加えて、指でもみながらなじませます{d}。

a

指先ではじくようにして
バターをちぎります

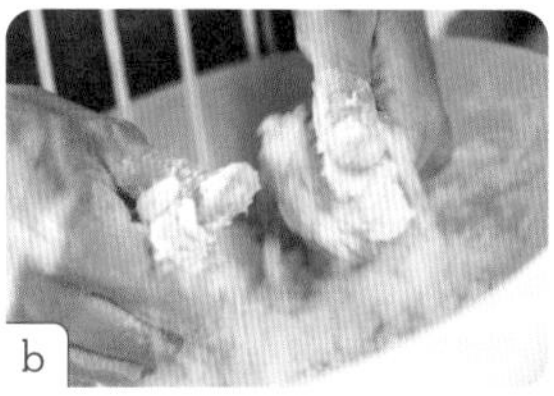
b

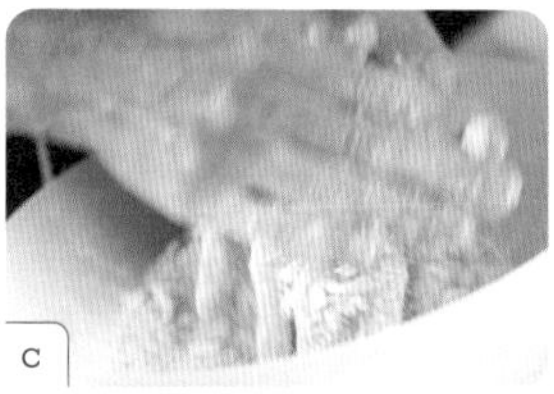
c

大きいかたまり
だけが手に
残るので
それをはじくように
すりつぶす！

d

冬

4 少しまとまってきたら、カードで生地の一部を切り分け、カードと手ではさんで持ち上げて{e}、粉っぽいところにのせてくっつけます{f}。これを粉っぽい部分がなくなるまでくり返します。

5 2~3個に分け、それぞれをボウルの中で手とカードを使って丸めます。これを重ねて、カードで上から半分に切り分けます。それぞれを、打ち粉をふった台の上で、パン生地を丸めるときのように表面を張らせながら丸めてまとめます{g}。その後、両手の間で転がしてそれぞれ俵型にします。

6 両手を軽く当てて押さえ、生地の真ん中から両端に向かって手をずらしながら転がし{h}、長さ18cmの棒状にのばします。途中で生地の向きを180度変えて、全体が同じ太さで表面がなめらかな状態になるようにします{i}。手だけでその状態にするのが難しければ、板を生地に当てて軽く押さえながら転がして仕上げると、きれいになります。

e

カードで
切りわけて

f

持ちあげて、のせる

しばらくくりかえします

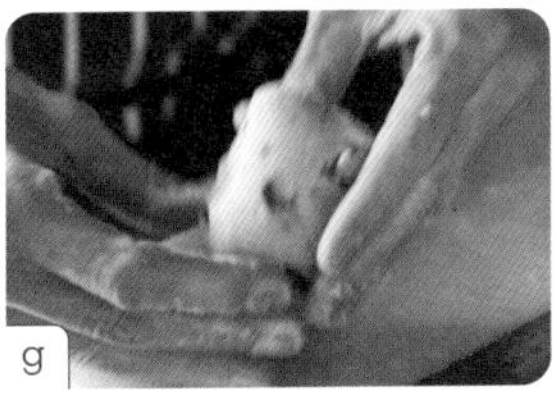
g

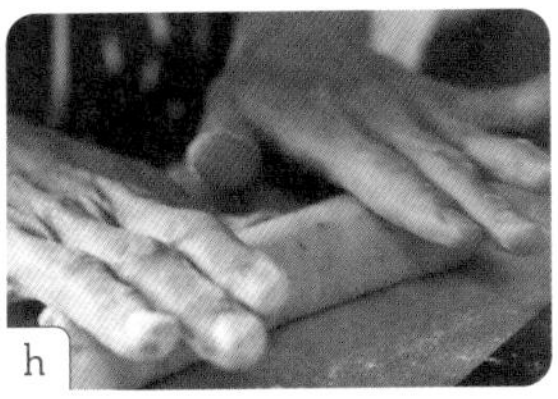
h

親指で
生地をおしこんで、
表面を張らせるような
イメージ！

i

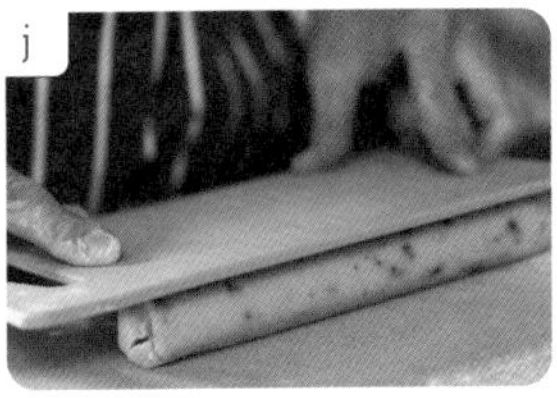
j

7 バットにのせて冷蔵庫でかたくなるまで冷やします。

8 別のバットにグラニュー糖Bを広げます。8の表面に刷毛で水（分量外）を塗り{k}、グラニュー糖の上にのせて、手のひらでころころと転がして全体にまぶします{l}。

9 まな板にのせて、包丁で端を切り落としてから厚さ約1cmに切り分けます{m}。切り分けたあと、両手で支えて棒状にまとまった状態にして台の上で転がすと{n}、切るときに押しつぶされた下半分が丸くきれいな形になります。

10 シルパンを敷いた天板に並べて、必要であれば手で形を整えます。165℃のオーブンで約15分焼き、そのまま冷まします{o}。シルパンがなくてオーブンペーパーを使う場合は、焼き上がったら、カードで網の上に移して冷ますとかりっとします。

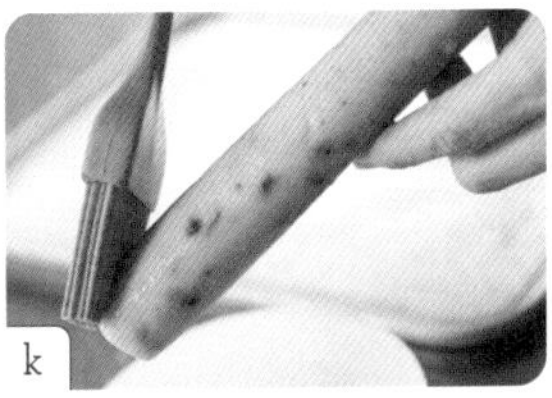
k

l

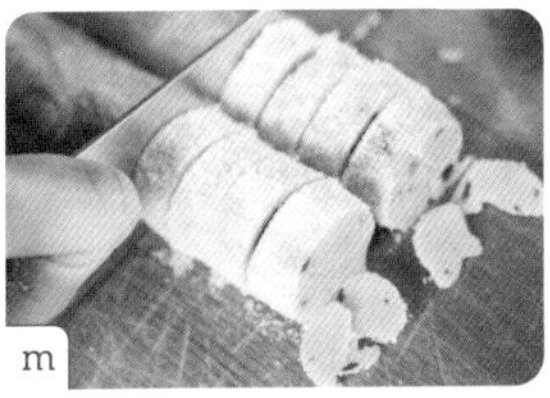
m

ころころ

n

焼き上がり！

o

冬

シトラスシュガーボール

冬の果物、レモンとみかんを使って、
さわやかなシュガーボールをつくりました。
粗めにきざんだ、まだほんのり青い柑橘の皮が
ところどころであらわれて
味や香りを放ってくれるのが楽しくて好きです。

約19個分

レモンの皮……**5g**
ミカンの皮*1……**5g**
バター(無塩。スライスして室温に戻す)……**80g**
粉糖……**35g**
A **アーモンドパウダー***2……**50g**
クローブパウダー……**1g**
シナモンパウダー……**1g**
塩……**1g**
薄力粉……**100g**
粉糖(コーンスターチ配合のもの)……**適量**

*1 間引きのために未完熟の状態で収穫されたものを使っています。食べておいしいくらい熟れたミカンの皮は、このおかしには向いていません。ミカン以外の柑橘でも、青い香りのする、かためのものならおいしくつくれます。
*2 アメリカ産を使用(→P.149)。

1 レモンとミカンはぬるま湯で洗ってから、皮をできるだけ白い部分が入らないように薄くむき{a}、食感が残る程度に粗くきざみます{b,c}。

2 ボウルにバターを入れて、泡立て器でクリーム状にします。粉糖をふるい入れてすり混ぜたら{d}、1を加えて{e}、木べらで混ぜます。ミカンとレモンの皮は、粉を入れたあとに加えると混ざりにくくなるので、粉を入れる前に混ぜ合わせます。

3 Aをふるって加え、薄力粉もふるい入れて和えるようにざっとなじませます{f,g}。アーモンドパウダーは粒が大きいので、詰まらないように目の粗いザルでふるいますが、薄力粉は目の細かい網でふるいます。

4 カードで切り混ぜます{h}。ざっと混ざったら、カードで生地の一部を切り分け、カードと手ではさんで持ち上げて{i}、粉っぽいところにのせてくっつけます。これを粉っぽい部分がなくなるまでくり返してまとめていきます。

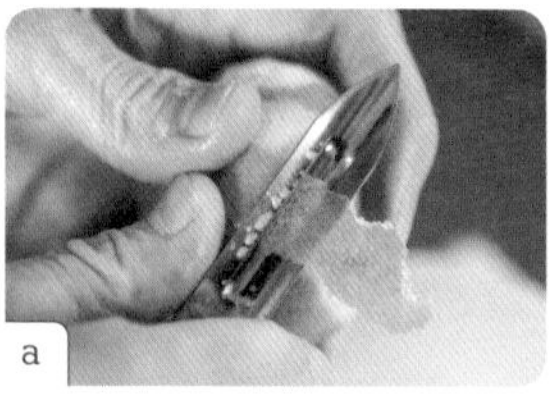
a

b

かんだときに
香りがぱっと
広がるくらいの
大きさに！

c

d

e

木べらで
切るように
混ぜます

f

g

冬

5 カードで2〜3個に切り分けて{j}、それぞれカードと手ではさんで転がして丸め、重ねます。

6 台に取り出して、手のひらで生地を転がすようにして前に押し出してのばしては、カードで奥から生地をはがして折りたたみます{k, l, m}。これを、なめらかになるまでくりかえします{n}。

7 約14gずつに切り分けて{o}、両手でぎゅっと押しつぶしてから{p, q}、丸めます{r}。生地を押しつぶしてから丸めると、おへそのような穴ができずに、きれいな丸い形になります。丸めるときは、下の手を平らにし、上の手を軽く丸くして、下の手の上で円を描くように生地を転がします。

h

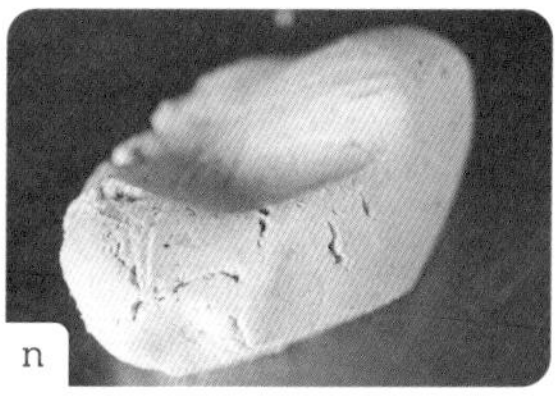
n

i

o

j

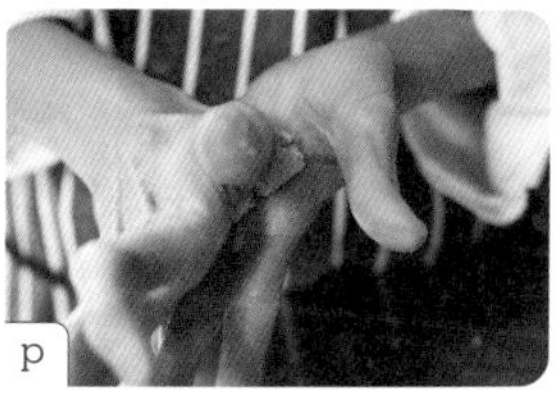
p

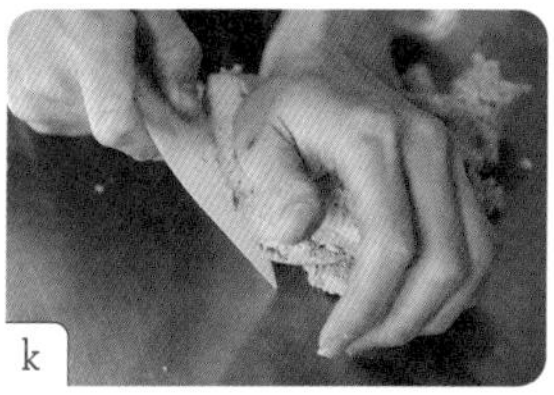
k

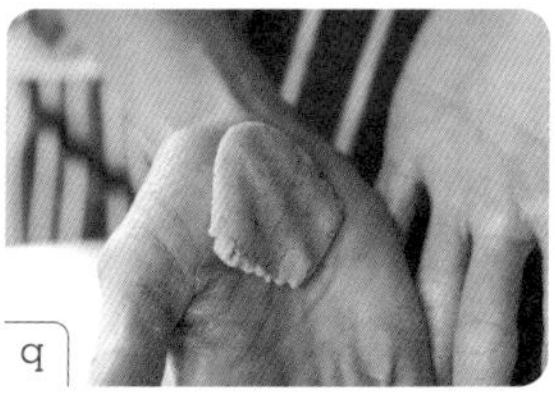
q

こんな風に
つぶしてから…

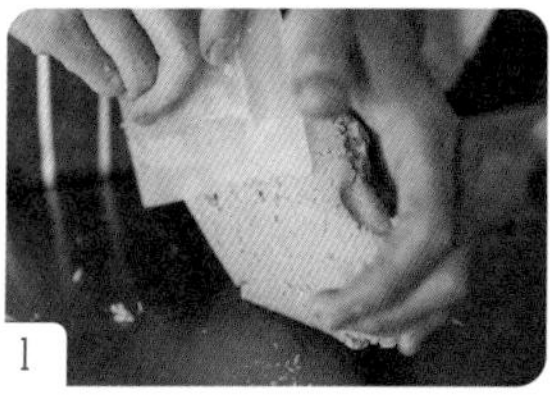
l

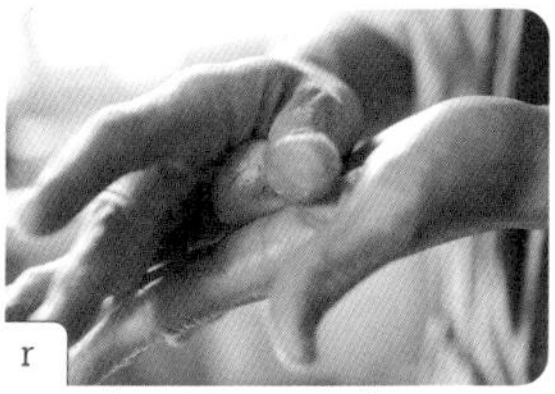
r

丸めています!

m

8 底を平らにして形を丸くととのえ{s}、シルパンを敷いた天板に並べます。底を平らにしておくと、焼いているうちに形が崩れたり、転がって他の生地とくっつくこともありません。

9 165℃で約15分焼き、そのまま冷まします{t}。

10 ボウルに粉糖をたっぷり入れ、9を入れて粉糖をしっかりまぶします。甘みの少ない生地なので、粉糖はたっぷりまぶしてほしいです。熱いうちに粉糖をまぶしたほうが生地につきやすくはなりますが、時間がたつと粉糖が湿りやすいので、冷ましてからまぶしています。まぶすときはボウルに5個ずつくらい入れ、両手で粉糖ごとすくい上げるようにします{u}。しっかりまぶしたら、両手で粉糖ごとクッキーをすくい上げ、指の間に間隔をあけた状態でゆすって余分な粉糖を落とします{v}。バットに並べ、仕上げにさらに粉糖を茶漉しでふります{w}。

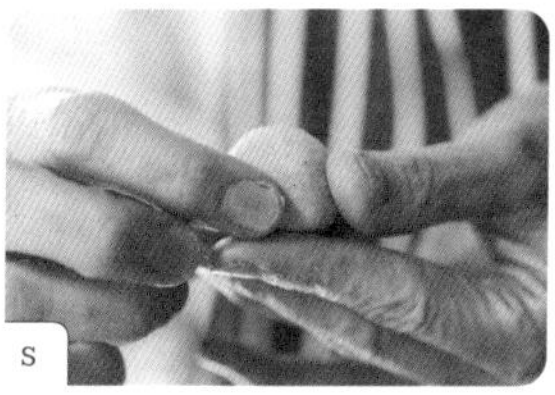
s

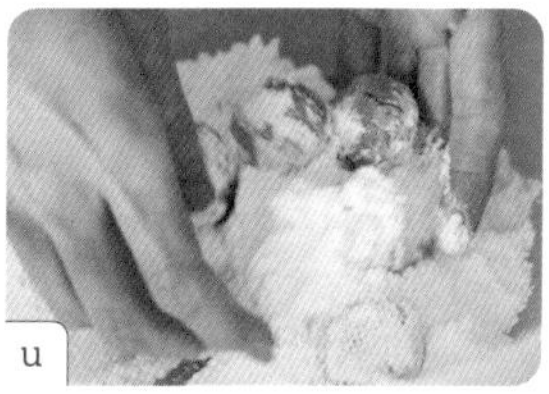
u

t

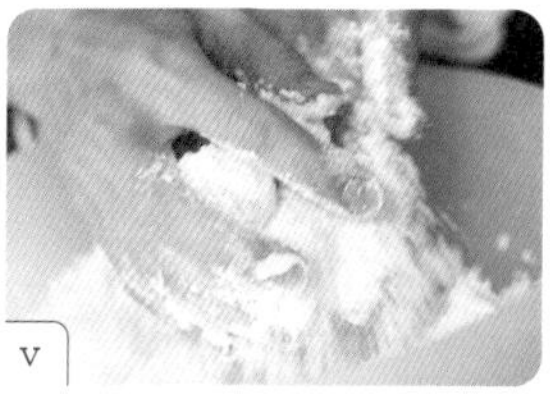
v

w

包み方

ワックスペーパーを13.5×15cmに切り、真ん中にクッキーを1個のせ{x}、4つの角を真ん中に寄せてねじって{y, z}、ふわっと包みます。

x

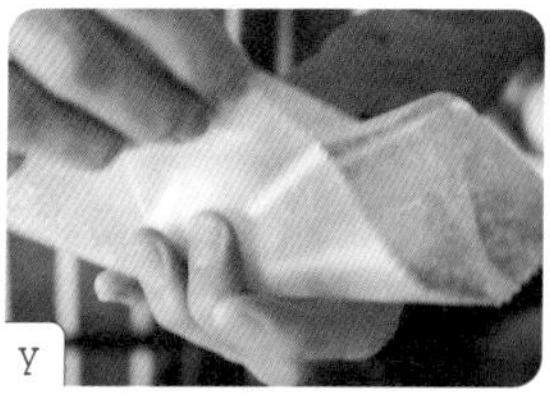
y

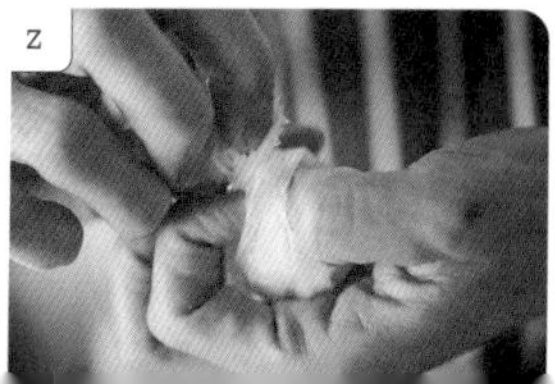
z

冬

バナナケーキ

バナナケーキ

何の気なしにぼんやり食べていて、
気づいたら、あ、おいしいなというのが、
わたしの理想のバナナケーキです。
ふんわりした食感とやさしい味わいで、
ずっと食べていられます。

1台分（底9×22cm、上11×24cm、高さ7cmのパウンドケーキ型）

バナナ……190g（正味）

牛乳……37.5g

ヨーグルト……37.5g

バター（無塩。スライスして室温に戻す）**……150g**

きび砂糖A……200g

全卵……140g

A **薄力粉……210g**

スペルト小麦の全粒粉……25g

ベーキングパウダー……10g

塩……ひとつまみ

きび砂糖B……約15g

型の準備

P.146型の準備（スクエア型・パウンド型）参照

1 バナナは皮をむいてボウルに入れ、泡立て器で上からたたくようにして粗くつぶしたあと、とろっとした状態になるまでぐるぐると混ぜて粘りを出します{a}。牛乳とヨーグルトを合わせて加え、ざっと混ぜます{b}。

2 別のボウルにバターを入れて、泡立て器でクリーム状にします。きび砂糖Aを加えて、ざらっとした感じがなくなるまですり混ぜます。

3 溶いた全卵の半量くらいを加え{c}、なめらかで少しぷりんとしたクリーム状になるまで泡立て器ですり混ぜます{d}。

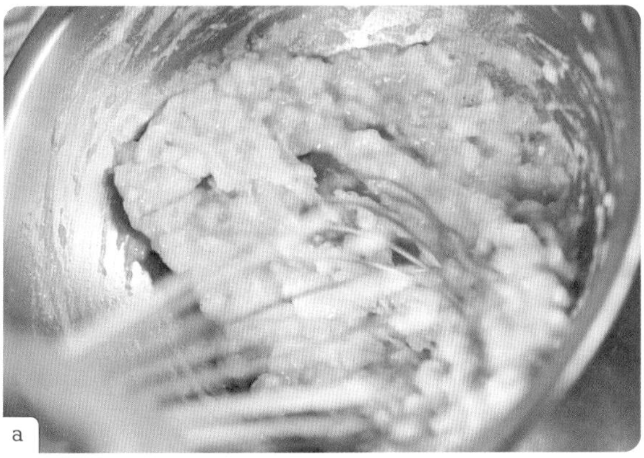

a

たまごを
半分

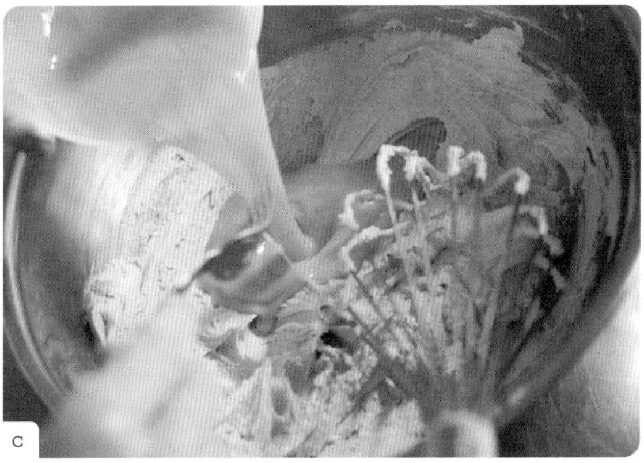

c

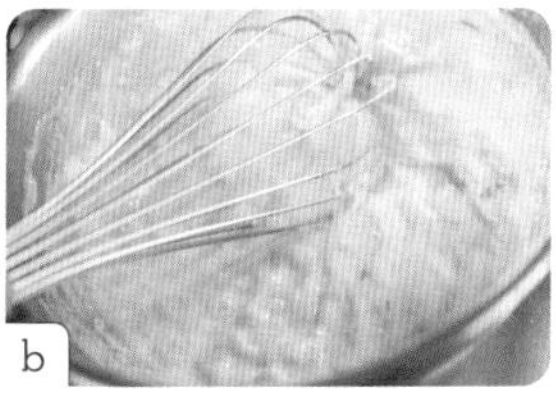

b

ぐるぐる
粘りがでるまで

つながりました！

d

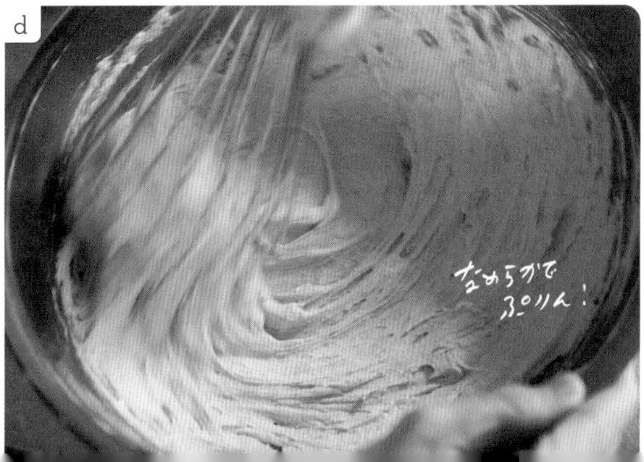

4 Aをふるい、1/5量くらいを加えてすり混ぜ、しっかり生地をつなげます{e}。

5 全卵の残りすべて{f}→Aの残りのうち半量{g}→1の半量{h}→Aの残りのうち半量{i}→1の残りすべて{j}→Aの残りすべてを順番に加えて{k}、そのつどすり混ぜて、しっかり生地をつなげます。少しつやっとしてきたら{l}、ゴムべらで底からすくい上げるようにして混ぜてムラをなくします{m}。バナナが入った生地は分離しやすいので、材料を小分けにしてこまめにつなげながら混ぜています。バナナを入れてからは、間をおかずに続けて混ぜると分離しにくいです。

6 型に流し入れ、ゴムべらでならして、きび砂糖をふりかけます{n}。160℃のオーブンで約50分焼いて{o}、型に入れたまま冷まします。

e

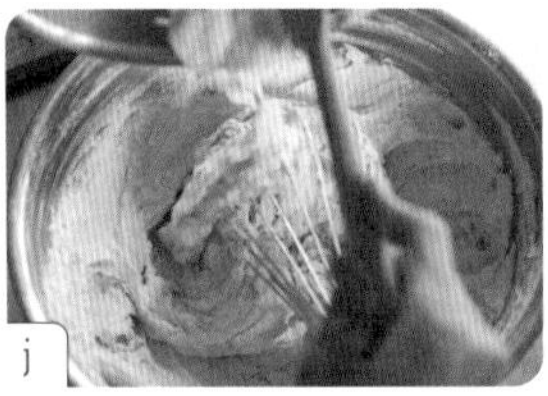
j

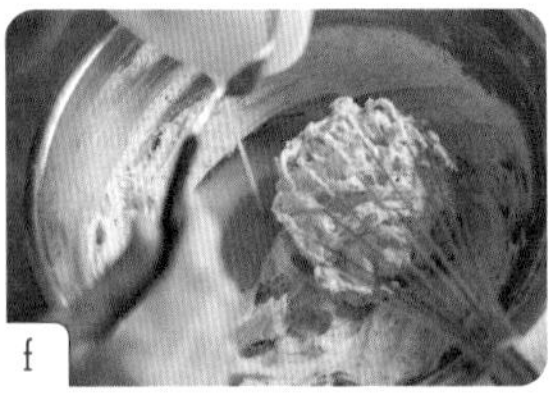
f

k

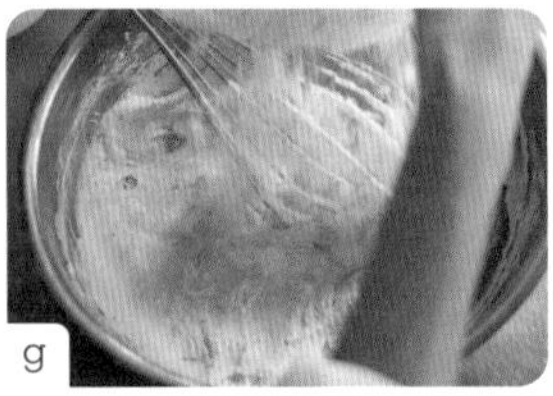
g

たまごと粉を
小分けにしてまぜると
分離しにくいです

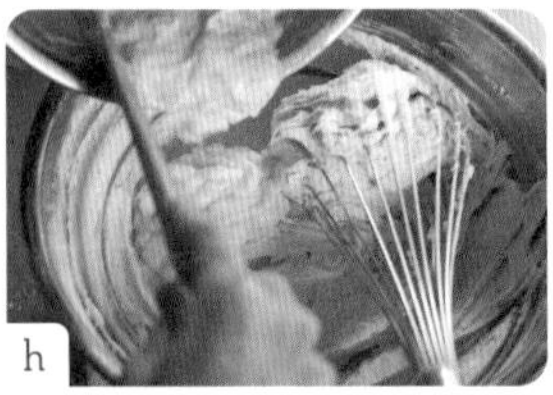
h

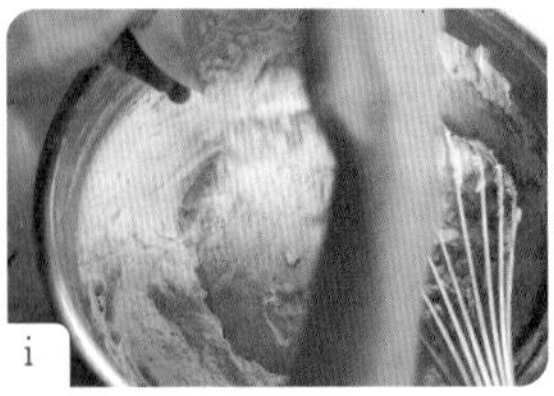
i

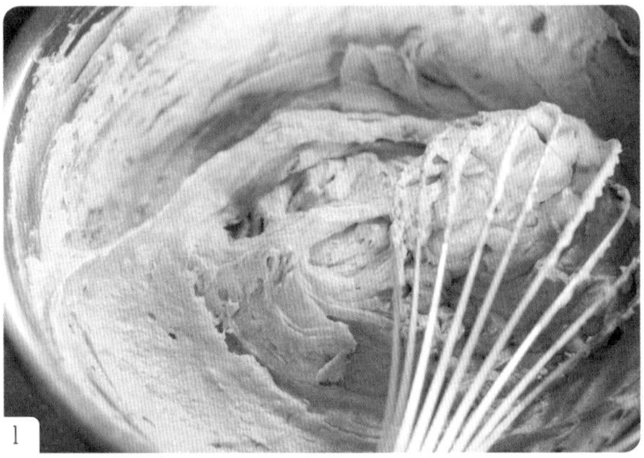
l

つやっ!

m

ゴムベラで
すくい上げて
全体を均一に

n

o

おくりものにするときは

1 ペーパーの端を持ち上げて合わせます。

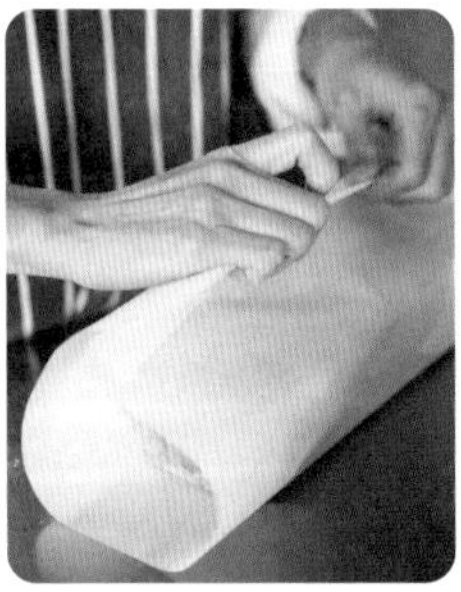
2 上からくるくる折ります。

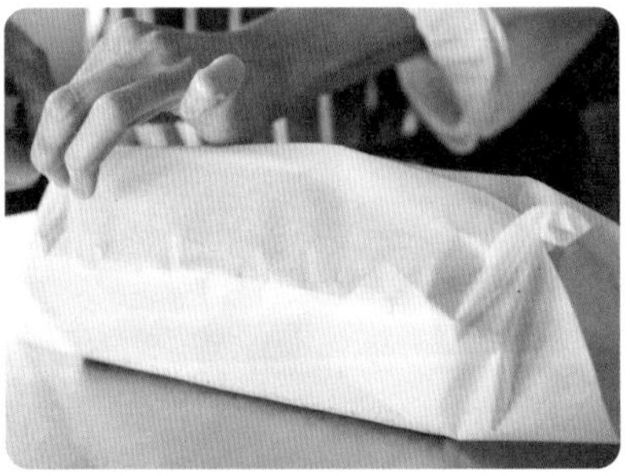
3 端をねじってとめたら、かんたんラッピングのできあがり!

冬

モルドワイン

イギリスのクリスマスマーケットに行くとモルドワインと
呼ばれるホットワインがあちらこちらで売られています。
冬のスウェーデンで飲んだホットワインには
アーモンドやレーズンが入っていて、
香ばしさと甘さを噛みしめつつ飲むのが楽しかったので、
両方のいいところをいただいたレシピにしています。

つくりやすい分量

レーズン……**25g**

アーモンド（皮つきのホール）……**15g**

A
- **赤ワイン**……**375cc**
- **オレンジ果汁**（フレッシュなオレンジを搾ったもの）……**1.5個分**（150g）
- **きび砂糖**……**大さじ1**
- **ブラウンシュガー**……**大さじ1**
- **シナモンスティック**……**1かけ**（3g）
- **クローブ**……**10個**
- **カルダモン**（ホール）……**5個**
- **レモンの皮**（薄くむく）……**1/4個分**

1 レーズンはお湯で洗ってオイルコーティングを落とし、網にあけて水気を切ります。アーモンドは熱湯につけてしばらくおきます。皮がふやけてきたら、指ではさんでアーモンドを押し出すようにしてむきます。

2 Aのレモンの皮は白い部分が入らないようにできるだけ薄くむきます。鍋にAと1を入れて、沸騰する直前まで温め、そのまましばらく火にかけてくつくつさせたらできあがり。

型の準備

スクエア型・パウンド型

1 型にオーブンペーパーをあてて大きさをはかり、型よりもちょっと大きめに切ります。

2 オーブンペーパーを型にあて、折って印をつけます{A}。印を目安にして型よりも少し小さくなるように4辺を折り、切り込みを4か所入れます{B,C}。切り込みを入れるのはCの○のところ。

3 Cの◎の辺を持って、型にはめます{D}。

スクエア型

A

B

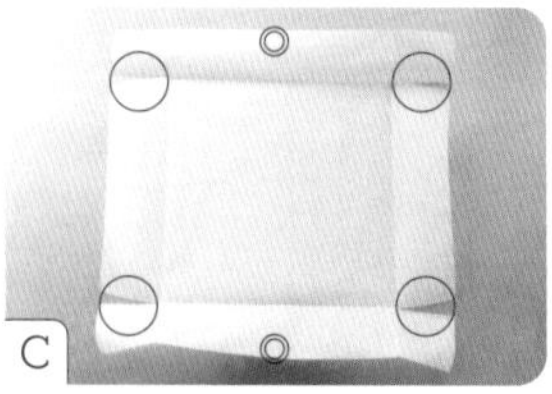
C

D

パウンド型

A

B

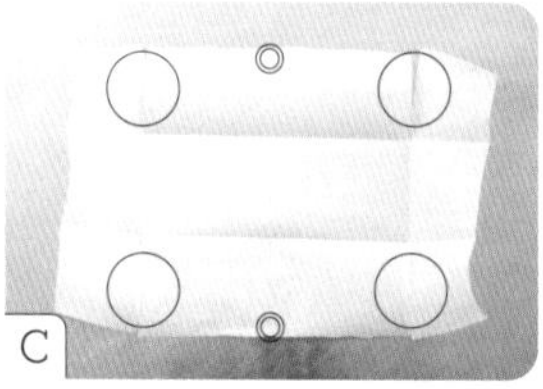
C

D

スクエア型の底だけにオーブンペーパーを敷く

1 型の側面にバターを塗ります。底は端から1cmの部分だけ塗ります{A}。

2 型の側面に強力粉をまぶします{B}。

3 底の中央にバターを塗り{C}、底と同じ大きさに切ったオーブンペーパーを敷きます{D}。底の端と中央にだけバターを塗ることでオーブンペーパーが型にしっかり貼りついてくれます。

A

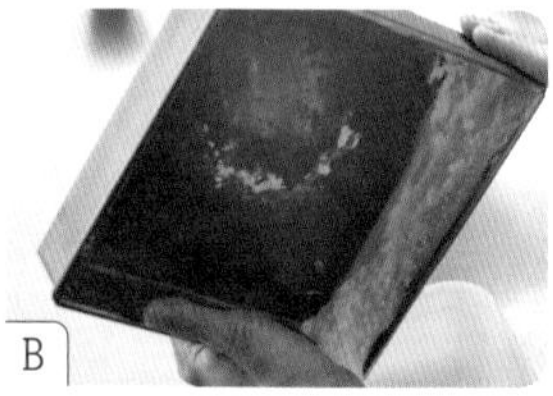
B

C

D

丸型の底だけにオーブンペーパーを敷く

1 型の内側に薄くバターを塗ります{A}。

2 オーブンペーパーを、底よりもやや大きく切ります{B}。オーブンペーパーが浮かないよう、底の端のところをしっかり押さえて敷き込みます{C, D}。

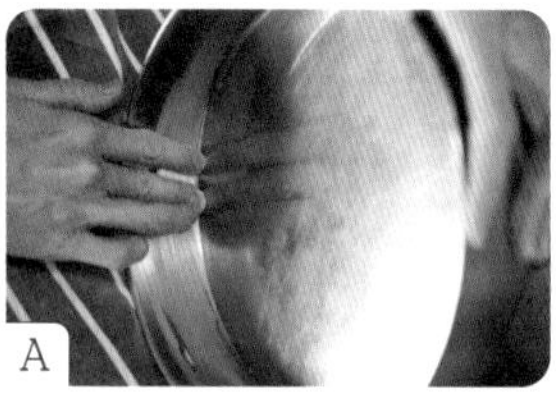
A

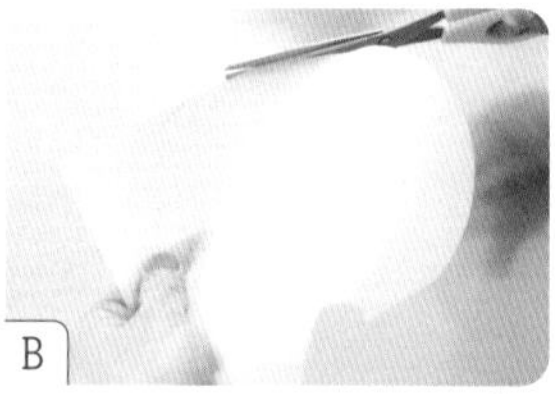
B

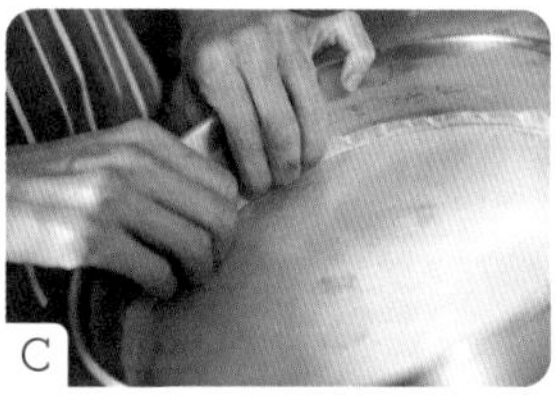
C

D

道具について

ボウル

ボウルは、いろいろなサイズのものをそろえておくと、混ぜるものの量によって選べて便利です。小さすぎても混ぜにくいし、大きすぎるとクリームや生地がボウルの側面に飛び散ってしまったり、分離しやすくなったりします。フチのないプラスチックのボウルは、フチにたまった水がたれてくるといった心配がないので、粉類を入れるのに使っています。

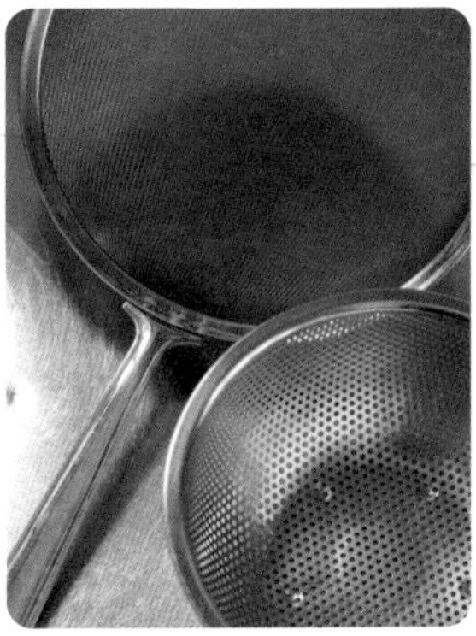

細ザル

粉類やナッツパウダーなどをふるうときは粒の大きさに合わせて、目の細かい網と粗いザルを使い分けています。目の細かい網は、薄力粉をふるう、漉すなど、使う機会が多いので手つきが便利です。

乳鉢

主にスパイスをつぶすのに使っています。イギリスのもので、口径は約12cm。すり鉢だと細かく粉砕されて生地全体にスパイスが行き渡りますが、乳鉢だと粗くつぶれ、スパイスが部分部分に散るので、スパイスのあるところを食べたときにぱっと香りがたつ感じがあり、断然、乳鉢でつぶしたものを使うのが好きです。

パレットナイフ

生地をならしたり、クリームを塗ったり、焼きあがったケーキを型から抜いたりするときに使います。

めん棒

太くて重いもののほうがのばしやすいです。洗ったらすぐ拭いて、濡らしっぱなしにしないようにしています。

型

ステンレスやアルミのものを使っています。洗ったあとは、錆びないようにオーブンで乾かします。ホウロウのトレイは、そのまま出してもかわいいので、ピクニックなどのお出かけに持っていくときにもおすすめです。

ゴムベラ

大きめのものを使うと、いっぺんにたくさんの生地を動かせて、生地にさわる回数を少なくできます。熱いものにも冷たいものにも使える、耐熱性のものを選んでいます。

泡立て器

ボウルの大きさに合ったものを使います。洗ったあと、持ち手のところに水がたまりにくいものを選んでいます。

刷毛

毛が抜ける心配がなくて衛生的なシリコンの刷毛を使っています。

鍋

銅鍋は底面が広くて熱のまわりがいいので、果物を煮るときやカスタードクリームをつくるときに使っています。銅鍋がなければ、ホウロウ鍋でもいいと思います。

材料について

スペルト小麦の全粒粉

薄力粉

粉

米粉

薄力粉とスペルト小麦は、イギリスのスーパーマーケットで見つけた「Doves Farm」のもの。薄力粉は日本のものよりも挽きが粗く、粉の風味がちゃんとするところが好きです。スペルト小麦は味がちょっと独特で、全粒粉のものを使っていることもあって、加えるとふわふわしすぎず、ザクザクに近い食感に。どちらも大阪のデイリーインポート社に輸入してもらっています。全粒粉は、栃木県の自然栽培農家・上野長一さんがつくる、力強い味わいの小麦を、自家製粉して挽きたてを使っています。米粉は寿物産が扱っている「上新粉」。ショートブレッドなどのクッキーっぽい生地がサクサクに仕上がります。グルテンフリーのケーキのつなぎにも。

砂糖

よく使うのは、きび砂糖（日新製糖「きび砂糖」）とビートグラニュー糖（日本甜菜製糖「スズラン印グラニュ糖」）です。ちょっとコクがほしいときやまったりさせたいときはきび砂糖、食材の味を立たせたいときはすっきりして甘みがやさしいビートグラニュー糖、と使い分けています。他の食材との相性を考えて、独特の風味があるブラウンシュガーや赤糖を使うことも。ビートグラニュー糖は主に細粒を使っていますが、仕上げにふって食感を出したいときは粗粒を。より食感を出したいときは中ザラ糖を使います。

ジャージーバター

風味のあるバターを使いたいおかしには、「ジャージー・デイリー」というイギリス領ジャージー島産のジャージー乳のバターを使っています。

生クリーム

牛乳

ヨーグルト

卵

稲見商店「那須究極卵」M玉（約58g）。風味がやわらかくて、卵の風味が立ちすぎないのが気に入っています。

生クリーム 牛乳 ヨーグルト

生クリームは、タカナシ乳業「北海道純生クリーム35」（乳脂肪分35%）。生地に少しコクがほしいときに入れます。牛乳はヤツレン「信州八ヶ岳野辺山高原低温殺菌牛乳」、ヨーグルトはヤツレン「信州八ヶ岳野辺山高原ヨーグルト」がお気に入りです。

グラニュー糖

きび砂糖

ブラウンシュガー

ナッツパウダー

アーモンドパウダーは、力強い風味のあるもの（イタリア・シチリア産かスペイン産マルコナ種）と、それに比べてクセのないアメリカ・カリフォルニア産を同量ずつ混ぜて使うことが多いです。どちらも皮なしを使います。特別にリッチな風味がほしいクリスマスのおかしなどにはイタリア産やスペイン産のみを使うこともありますが、うちのおかしはボリュームのあるものが多いので、アメリカ産のアーモンドを混ぜて助けてもらうくらいがちょうどいいかなと思って、こうなりました。ヘーゼルナッツパウダーは、トルコ産の皮つきを使っています。

チョコレート

チョコレートは、使いやすいのでフェーブ状や粒状のものを選んでいます。ビターチョコレートは、ほどよい苦みのカカオバリー「ピストール ミ・アメール」（カカオ分58%）。きざんで混ぜ込んだり、小粒なのでそのままチョコレートチップとして使ったりします（おかしによってはもっと粒が小さいチョコレートチップも使います）。ホワイトチョコレートは、やわらかい味わいの大東カカオ「クーベルテュール スペリオール ソワブラン」（カカオ分35%）。

バニラペースト

オーストラリアのテイラー＆カレッジ「オーガニックバニラビーンズペースト」を使っています。風味がやわらかいところが好きです。

スパイス

スパイスは、フランスのル・ジャルダン・デ・エピス社のものや、マヤバザールというインド食材店（下記）で購入したものを使っています。デンマーク・コペンハーゲンのマーケットのĀŠĀ Spiceというお店など、外国で買ってきたスパイスを使うことも多いです。パウダースパイスも使いますが、ホールスパイスは、つぶし方で香りが変わるところが楽しいのでよく使います。

マヤバザール
東京都品川区上大崎3-10-1 中島ビル203、tel 03-5420-2032、mayabazaar.net/jp

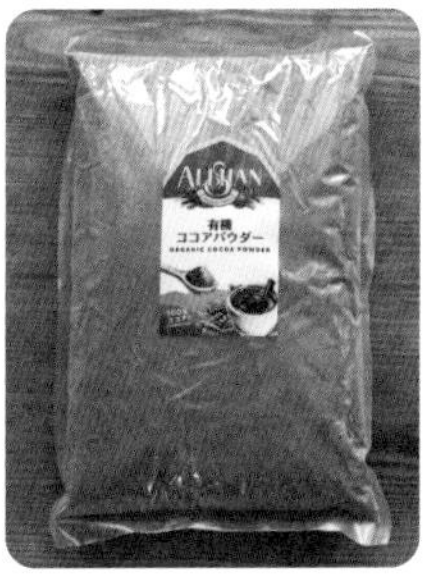

カカオパウダー

アリサン「有機アリサンココアパウダー」は、低温で焙煎してアルカリ処理したカカオパウダーで、味わいがやわらかいです。

オートミール

有機のものを使いたかったので、アリサン「有機オートミール」を。粒が大きいタイプです。

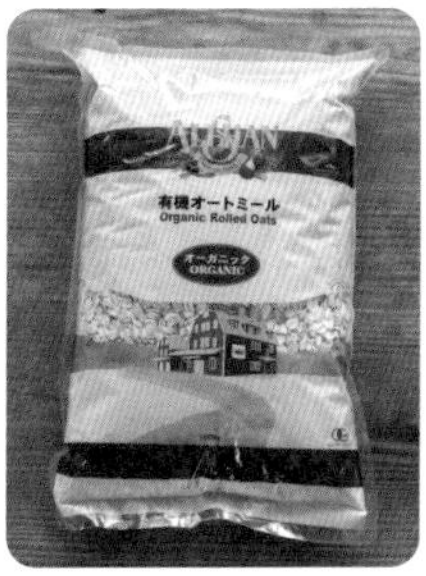

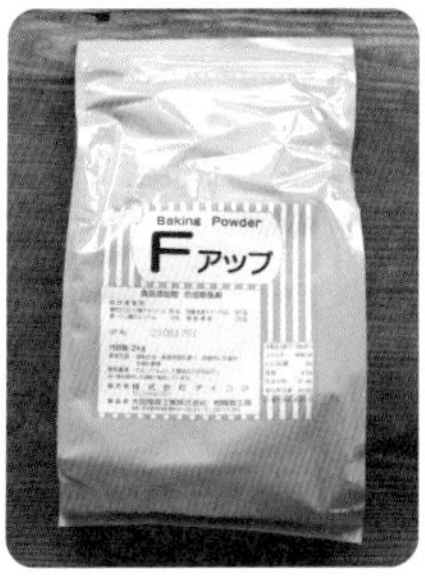

ベーキングパウダー

アイコク「ベーキングパウダー Fアップ」。アルミニウムフリーです。

わたしの生地のさわり方

「ゆっくりやさしく混ぜてますよね」と言われることがあります。
特別に意識してそうしているわけではないのですが、
ほかの人が混ぜているのを見ると、
「たしかにそうかも…？」と思います。

「泡立て器がボウルに当たってガシャガシャ音がたつような
混ぜ方もしていないですね」とも言われて、
そういえばと思いました。

たぶん、力がないからなんだと思います。
それか、おかしづくりをはじめた頃はまだ実家にいて、
家族のみんながもう寝ているような
遅い時間につくることが多かったからかもしれません。

自分がいつも自然にやっていることだから、
そんなものを読んで面白いのかな？ としか思わないのですが、
この本を読んでくださるみなさんがおいしいおかしを
つくるのに役に立つと思うと言っていただけたので、
そうならいいねと、わたしがいつもどんなことを思って
生地をさわっているかをお伝えしようとなった次第です。

バター生地の混ぜ方

ビクトリアスポンジ、バターケーキ生地、パウンドケーキなど

1

お砂糖のざらざら感がなくなり、白っぽくなって、かさが出るまで、あせらず、ゆったり混ぜる

バター生地は、クリーム状にしたバターにお砂糖を混ぜることからはじめます。ここで絶対にやっておきたいのは、「お砂糖のざらざらした感じがなくなり、白っぽくなって、かさがある程度出た状態までもっていく」こと。

「やる気なく混ぜてるねー」といわれることもあるくらい、お砂糖をバターの中でゆっくり動かすようにして混ぜているらしいんですが、それが大事な気がします。力を入れずにゆっくり混ぜると、自然にお砂糖が溶けてバターと一緒になってくれて、そのあと空気が入っていって少しずつかさが増していきます。

力いっぱい手早く混ぜてしまうと、空気がたくさん入って白くなるし、かさも早く出るのですが、お砂糖がバターとなじみきらず、じゃりじゃりと溶け残ってしまいます。空気の泡も粗いので、ちょっと混ぜてみると、泡立て器がスカッと抜けてしまうくらい生地が軽いです。こういう生地は焼くとぼこっと上がりやすくて、いったん膨らんだあとにしぼんでしまうこともあり、なんとなく乾いた感じに焼き上がってしまいます。

2

バターとお砂糖は、ボウルの上半分だけで混ぜる

混ぜ方ですが、まずバターとお砂糖をざっとなじませたら、泡立て器を、親指が上になるように持ちかえます。泡立て器を立てて、ボウルに当たらないようにギザギザと大きく動かして、ボウルの上半分あたりの生地だけを混ぜます。

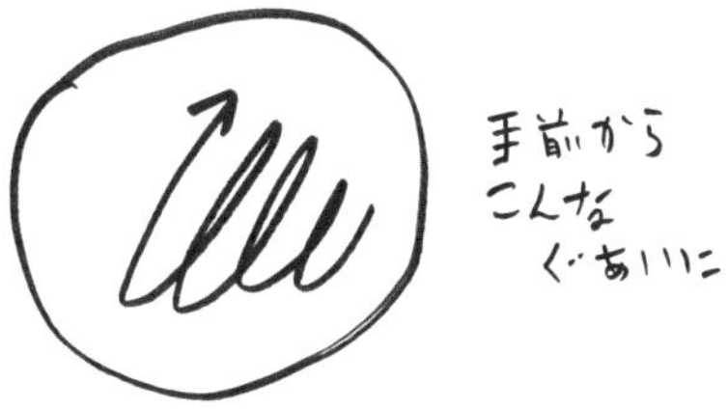

底からいっぺんに全部の生地を混ぜようとすると、うまく混ぜることがわたしはできません。まず、上半分だけをいい状態（お砂糖がザラザラしていなくて、白っぽくなった状態）にしてから全体を混ぜ、また上半分だけをいい状態にして全体を混ぜ、これを繰り返して、ほしいかさになるまで混ぜています（ほしいかさはケーキによっていろいろです）。

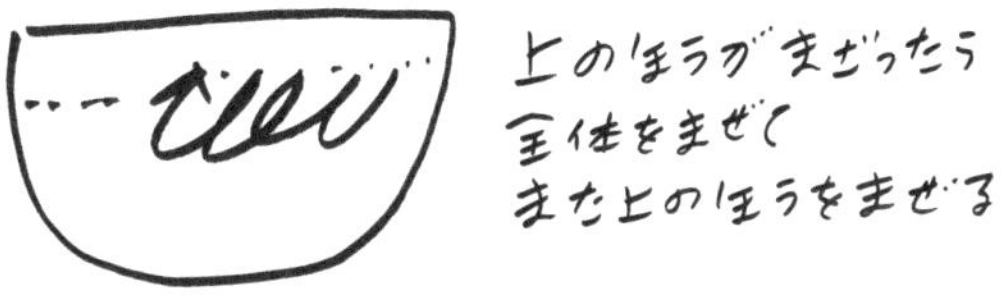

全体を混ぜるときは、泡立て器を寝かせて持ち、反対の手でボウルを手前に回しながらボウルについた生地を底からかき取るようにようにして、全体が同じ状態になるまでしっかりすくい混ぜます。

3

バターと卵のつながりを、粉に助けてもらう

バターとお砂糖が混ざったら、卵と粉を何回かに分けて交互に加えながら混ぜ合わせていきます。最初に卵の一部を混ぜてしっかりつなげたら（乳化させたら）、次に、分かれる（分離する）のを防ぐために、粉をちょっと混ぜて生地のつながりを強めます。その後も卵と粉を順に混ぜて生地を仕上げていくのが基本です。

粉を途中で加えなくてもしっかりつながったまま生地ができあがっていくならそれが一番ですが、つながりやすいか分かれやすいかは、バター・卵・お砂糖の配合のバランス、気候、材料の温度によっても変わります。なので、その日の生地の状態を見ながら混ぜ方を変えています。

4

卵はバターにぶつけるイメージで、粉はぐっ、ぐっと押し込むように

まずは、重たいバターの生地を卵でのばすように混ぜます。泡立て器は立てて、大きく円を描くように動かして、卵と生地がぶつかり合う手伝いをするイメージです。そうすると、卵がバターにぶつかってくっついて勝手に混ざっていってくれます。しっかりつなげようとしてがしがし混ぜると、なぜかだいたい分かれます。

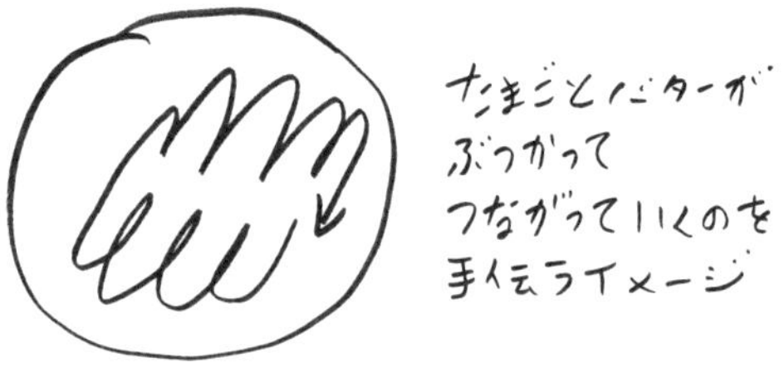

つながってくるといったんやわらかくなりますが、しっかりつながるとぷりんとした状態になります。

次に粉を混ぜるときも泡立て器を立てて持ち、粉が生地に入り込んだら、円を描きながら、少しぐっ、ぐっと生地を押し込むように混ぜていきます。

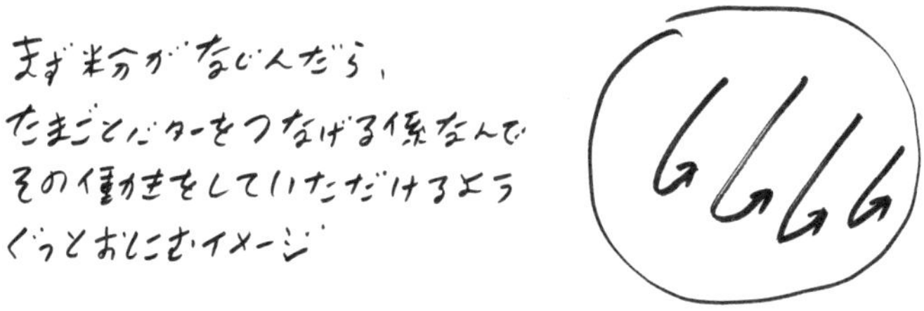

これを交互に繰り返して混ぜていきます。パウンドケーキの場合は、卵と粉のほかに牛乳とヨーグルトも加えます。ほかのバター生地よりも水分が多くて分かれやすいので、ちょっと強めの分離予防が必要です。なので、牛乳とヨーグルトを加える前に入れる粉は少し多めにして、生地を補強するようにしています。

5

最後の粉は2回に分けて

何回かに分けて粉を加え、しっかりとつないだら、最後に加える粉は2回に分けて加えます。いっぺんにたくさんの粉を入れると混ぜにくいからです。

はじめの粉をしっかり混ぜきってから残りの粉を入れると、混ぜる回数が多くなりすぎます。なので、はじめの粉が混ざりきらないうちに加えます。「本当は2回に分けて加えているんだけれども、1回で加えてるって生地が誤解するくらいのタイミング」がいいと思います。

粉っぽいところがなくなったら、好みのつやとかたさが出るまでさらに混ぜて調整。最後はゴムべらに持ちかえて、底からすくい上げるように混ぜてムラをなくします。

6

型に移したら、ととのえすぎない

型に流し込んだ生地の表面をならすときは、ゴムべらやパレットナイフなどの先を使ってざっとととのえます。

混ぜ終わりの生地は、ちょうどよく空気をふくんだ状態になっているので、強く押さえて生地をつぶしてしまいたくないからです。

ふわふわっと生地を広げるイメージでならしています。

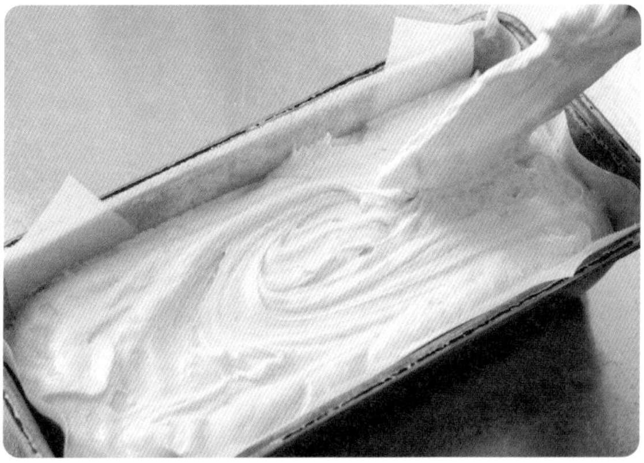

さくっとした生地の混ぜ方

ショートブレッド生地、クランブルなど

1

バターに粉をまぶしたら、指先ではじくようにしてちぎる

ショートブレッド生地やクランブルを、フードプロセッサーを使わずにつくるときは、スライスして冷やしたバター、お砂糖と粉などをボウルに入れて、手でバターに粉をまぶしながらバターを少しずつ細かい粒にしていきます。

まず、バターにざっと粉をまぶし、指先ではじくようにしてバターをつぶしてちぎっていきます。バターに粉がまぶされていないと手の熱で溶けやすいので、粉をまぶしながら細かくします。

つまみにくい大きさになってきたら、お椀状に丸めた手ですくい上げ、手の中で転がします。そうすると、粉とすり合わされて細かくなったバターは指の間からこぼれ落ち、大きめのかたまりだけが残ります。それをまた、指先ではじくようにして、細かくしていきます。

はじく!

2

両手でこすり合わせて、さらにバターを細かくしていく

バターがつまめないくらい小さくなってきたら、生地をすくい上げてお椀状に丸めた両手をこすり合わせるようにして、バターと粉をなじませていきます。粉と粉の間でバターの粒がすり合わされて細かくなり、粉となじんでさらわれて、手からこぼれ落ちていくようなイメージです。

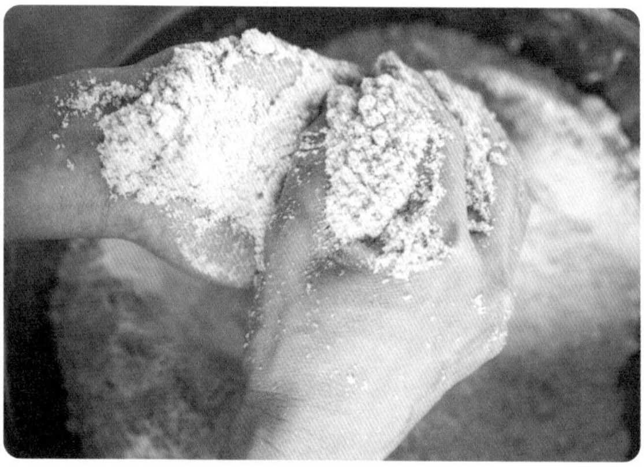

手はお椀に!

これをくり返していくと、だんだん手に残るバターの粒がなくなってきて、全体がなじんできます。このとき、生地はまださらさらですが、少ししっとりしてきているのが感じられます。

クランブルもショートブレッド生地もここまでは同じです。

3

クランブルはこすり合わせ続けて、ほしい大きさのかたまりをつくる

クランブルをつくるときは、ほしい大きさのかたまりができるまで生地をこすり合わせ続けます(ほしい大きさはおかしによってちがいます)。途中でオートミールなどを入れる場合は、かたまり同士がちょっとくっついてほろほろっとしてきたところで加えて、一緒にこすり合わせて混ぜます。

トレイベイクやタルトにのせる場合は、いろいろな大きさが混ざっている方が楽しいので、のせるときにぎゅっと握って、かたまり同士をくっつけた大きいかたまりもつくって変化をつけています。

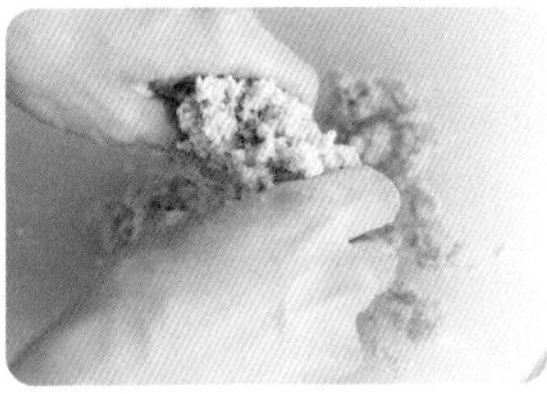

ぎゅっ

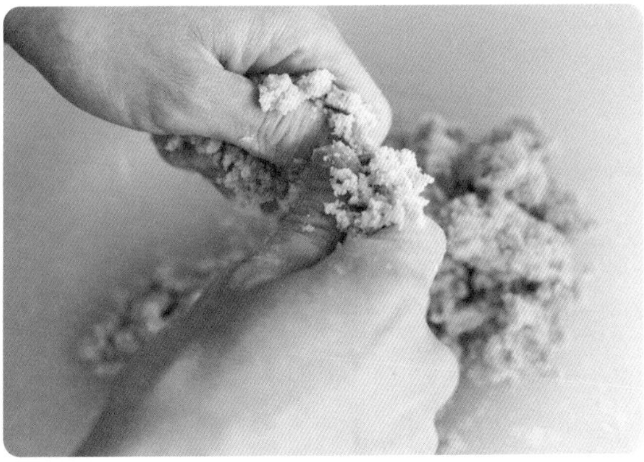

4

ショートブレッド生地をつくるときは、生地の一部を持ち上げては粉っぽいところにのせて、練らずにまとめていく

ショートブレッド生地をつくるときは、こすり合わせたあとにカードを使ってまとめていきます。

生地をこすり合わせて小さなかたまりができてきたら、カードで生地の一部を持ち上げ、粉っぽいところにのせて、粉っぽいところとそうじゃないところをくっつけていきます。これを粉っぽい部分がなくなるまでくり返してまとめていきます。

持ち上げて

のせて

まとめていく

こういうまとめ方をするのは、生地を練りたくないからです。練ってまとめると、生地全部がしっかりつながって、焼くとしっかりとした食感になってしまいます。さくっとして、口の中でほどけるような食感になってほしいので、「くっついてまとまっている」という状態にするのがいいような気がします。

型に敷くときも、平らにならそうとして指でぎゅうぎゅう押すと、かたまり同士がくっつきすぎてしまうし、バターも溶けて、がりがりとした食感に焼き上がってしまいます。食べている途中で崩れない程度に、かたまりとかたまりがくっついた状態になるように軽く押さえると、さくっとした生地になります。厚めのところと薄めのところがあるのも楽しいので、ある程度、平らになればいいと思っています。

軽く!

ブラウニーとブロンディの混ぜ方

1

バター、お砂糖、チョコレート、大切なのは重ねる順番

ブラウニーもブロンディも、ボウルに材料を入れるときには必ず、バター、お砂糖、チョコレートの順に入れています。これを湯せんにかけると、まずバターが溶けて表面の方に上がってくるので、そこにチョコレートをひたしてあげるとチョコレートが勝手に溶けていってくれます。チョコレートは熱いのが嫌いだから一番やさしく溶かしてあげたいと思っているのと、お砂糖を一番下にすると溶けてボウルにくっついてしまうことがあるので、この順番で重ねるようになりました。

ここから先は**ブラウニー**と**ブロンディ**とでつくり方がちょっとちがいます。

ブラウニー

2

チョコレートが溶け残っているうちに全体を混ぜ、つやつやになったら、湯せんからはずす

バターがすべて溶けてチョコレートが少し溶け残っているという状態になったら、泡立て器を立てて持ち、くるくると小さな円を描くようにして全体を混ぜていきます。

このとき、チョコレートもお砂糖もしっかり溶けて、色が一段階濃くなってつやつやの状態になるまで、湯せんにかけたままよく混ぜます。

3

卵の混ぜ終わりの目安は、「フルーチェ」が「湖」になったら

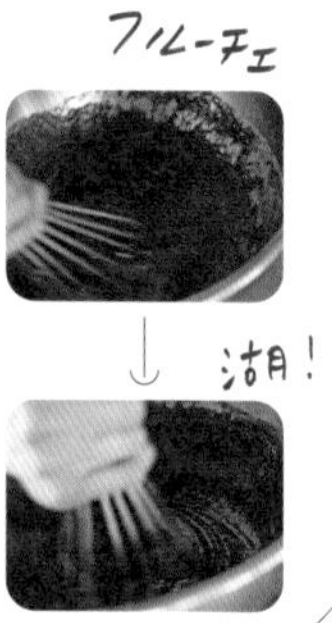

つやつやになったら、湯せんからはずして、卵を混ぜていきます。卵を加えたら、泡立て器で大きく円を描くように、卵を渦の中に巻き込むようにしてぐるぐる混ぜます。

いったん、「フルーチェ」のようなぷりんぷりんの状態になりますが、さらに混ぜ続けます。はじめは混ぜている間、ボウルの中央が盛り上がった感じになるんですが、混ぜ続けているとなめらかになってきます。手を止めた瞬間に、生地の表面がすっと「湖」のように平らになったら混ぜ終わりです。

ブロンディ

2

ホワイトチョコレートが溶けきったら、湯せんからはずして全体を混ぜる

ホワイトチョコレートが溶けてきたら、泡立て器の先でバターと混ぜます。このとき、きび砂糖を混ぜてしまわないように気をつけます。ホワイトチョコレートが溶けきる前にきび砂糖を混ぜてしまうと分離したようになってしまうからです。

また、バターが溶けはじめたら、あまり間をおかずにホワイトチョコレートと混ぜます。混ぜずにおいておくと、溶けたバターをきび砂糖が吸ってかたくなってしまいます。

3

卵を加えたら、「つやっ」とするまで混ぜる

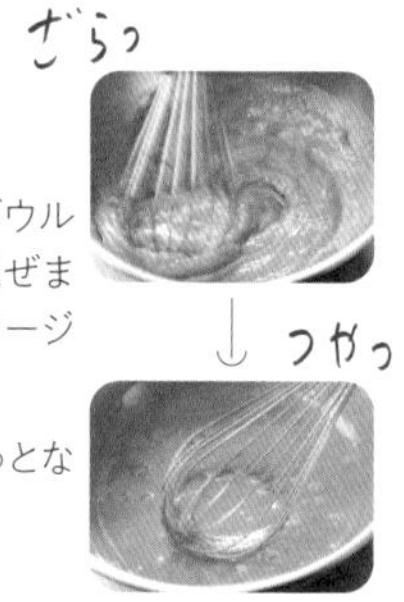

ホワイトチョコレートがすべて溶けきったら、ボウルを湯せんからはずして卵を加えつつ全体を混ぜます。卵で生地をのばしながらつなげていくイメージで、ブラウニーと同じように混ぜます。

いったん、少し重めの生地になったあと、つやっとなめらかな状態になったら混ぜ終わりです。

4

まず、大きな円を描いて粉を巻き込み、続いて、小さな円を描いて全体を混ぜる

ここからは、ブラウニーもブロンディも同じように、粉を加えて混ぜていきます。

粉はいっぺんに加え、ダマにならないように手早く混ぜます。まず、泡立て器でくるくると大きい円(まる)を描きながら粉を巻き込んで混ぜます。次に、小さい円(まる)を描きながらボウルの端に追いやられた粉を真ん中に寄せ、ほぐすように混ぜていきます。これを交互にくりかえしていると、結構すぐに混ざってくれます。

5

つやが出たら混ぜるのをやめると、ほどよく目が詰まっていて、しっとり、ふんわりした生地に

あとは好きなかたさになるまで混ぜ、最後はゴムべらに持ちかえて、底からすくい上げるように混ぜてムラをなくします。

わたしは、つやが出てきたあたりで混ぜるのをやめています。そのあたりだと、まだ生地は温かく、型に流すと自然に端まで流れ、ちょっと手伝ってあげれば型の隅まで届いてくれます。焼くと、しっとりして、ある程度目が詰まっているけれど、ふんわりもしている状態になります。

つやが出る手前で混ぜるのをやめると、ふんわりチョコレートケーキみたいなブラウニーに、つやがでてもなお、生地が冷めるくらいまで混ぜると、ぎっしりどっしりチョコレートのかたまりみたいなブラウニーに、といったイメージです。混ぜ具合はお好みで調整して下さい。

卵生地の混ぜ方

スポンジ生地

1

生地を泡立てはじめるのは、お砂糖が卵に溶けてから

まずは、卵にお砂糖を加えてしっかり泡立てることからはじまります。ここで泡立て方が甘いと、あとで粉やバターを加えたときに泡が壊れやすく、生地がつぶれてしまいます。なので、しっかり泡立てておきます。

泡立てる前には、まず卵とお砂糖を泡立て器で混ぜてなじませます。なじんだら湯せんで軽く温めながら混ぜてお砂糖を溶かします。お砂糖が溶けるとふわっと手ごたえが軽くなるので、火から下ろしてミキサーで泡立てていきます。

2

しっかり泡立てたら、ミキサーの速度を落として目の詰まった生地に

生地中の空気の泡が大きいと、焼き上がったときにふわふわに膨らんで、しぼみやすくなってしまいます。真っ白になるまでしっかり泡立ててから、速度を少しずつ落としていくと、泡が小さくなり、目の詰まった生地になってくれます。

ハンドミキサーならば、最初は高速でしっかり泡立てて、思いっきり空気を含ませます。かさが増して全体が白っぽくなり、筋がしっかり残る状態になるまでもっていったら、速度を徐々に落としていきます。だんだん泡が小さくなってきて、光のはねかえり方がつやっときれいになってきます。そうなるまで、混ぜ続けます。

卓上ミキサーならば、最初は中速で。しっかり筋が残る状態になったら段階的に速度を落として、最後は低速で泡を細かくしていきます。泡が細かくなったらミキサーからはずし、泡立て器で混ぜてきめをととのえます。ミキサーボウルは深さがあるので、ホイッパーを立てて持ち、下から上まで全体を泡立てるような感じでまんべんなく混ぜます。はじめはスカッとしていた手ごたえが、しだいに少し弾力を感じられるようになり、目が詰まった感じの生地になっていきます。

3

粉を加えて全体に散らしたら、ゴムべらが生地から出ない高さでゆっくり、やさしく、すくい混ぜる

目の詰まった生地になったら、ゴムべらでボウルについた生地をかき取りながら、全体をぐるんぐるんと数回混ぜてムラをなくします。ムラがなくなったら、粉を混ぜていきます。

まず、粉の半量を加え、ゴムべらの先で粉を生地の全体に散らすようにします。粉が全体に行き渡ったら、ゴムべらでボウルについた生地をかき取りながら、すくい上げるように混ぜます。すくい上げるといっても、ゴムべらが生地から出ないくらいの高さです。高くすくい上げて落として混ぜたり、急いで混ぜたりすると生地がつぶれてしまいます。反対の手でボウルを傾けて回しながら、ゆっくりと生地の様子を見ながら混ぜるようにしています。

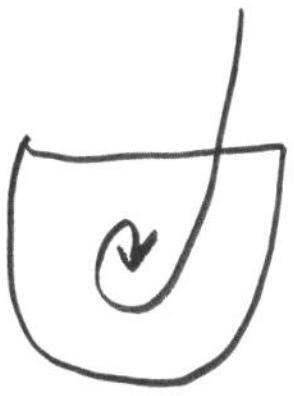

4

ゴムベラと同じ幅ですーっと落ちるまで混ぜて、少し詰まった感じの生地に

そして、はじめに加えた粉が混ざりきらないうちに、残りの半分も加えて同じように混ぜます。残りの粉が混ざりきらないうちに、冷ましておいた溶かしバターを加え、すくい混ぜて全体をなじませたら、切るようにしてさらに混ぜてきめをととのえます。

最後は、生地の仕上げ。好みのつややかたさになるまで同じように混ぜて、生地をととのえていきます。ゴムべらですくってたらしたときに、生地がもったりと落ちるかたさで混ぜるのをやめると、ふんわりしたスポンジ生地に焼き上がります。わたしは、どちらかというともう少し詰まった感じの生地にしたいので、ゴムべらと同じ幅で、すーっとストレスなく流れ落ちて写真のようにボウルの中にたまる状態になるまで混ぜています。

焼きあがりの確認

バター生地やスポンジ生地の焼きあがりは、
表面を指の腹で軽く押さえてそっと指を動かし、
生地をゆするようなイメージで弾力を確認しています。

芯まで詰まっているような弾力が感じられれば、
中まで焼けています。焼き足りないときは、
さわると頼りない感じがします。

さわってもわからないときは竹串を刺して確認します。
どろっとした生焼けの生地がついてこなければ、
中まで焼けています。

竹串で
確認しても！

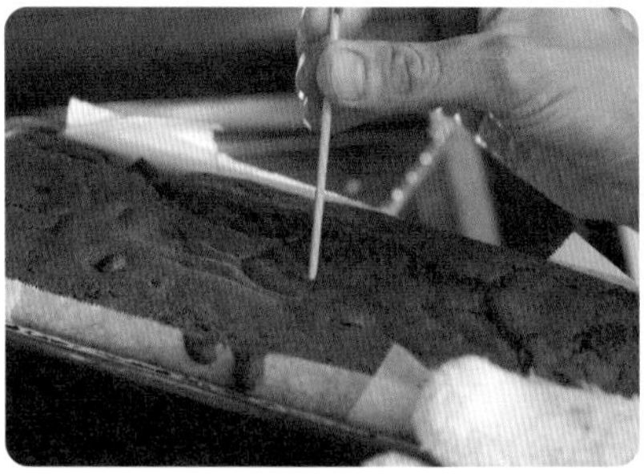

ちょっと ゆするイメージ

Sunday Bake Shop

幡ヶ谷のおみせ

幡ヶ谷店
東京都渋谷区本町 6-35-3

初台店
東京都渋谷区本町 1-58-7

sundaybakeshop.jp
instagram.com/sunday_bake_shop

幡ヶ谷のおみせの営業日や営業時間についてはこちらからご確認ください。2021年11月現在、初台のおみせはおやすみしていて、たまにイベントで開くこともありますが、そのときもこちらでお知らせします。

初台のおみせ

サンデーベイクショップの一年

季節のくだもので つくる焼き菓子

初版発行　2021年12月15日
3版発行　2023年 9 月20日

著者　©嶋崎かづこ

発行者　丸山兼一
発行所　株式会社 柴田書店
東京都文京区湯島3-26-9 イヤサカビル
〒113-8477
電話　営業部 03-5816-8282（注文・問合せ）
書籍編集部 03-5816-8260
URL　https://www.shibatashoten.co.jp

印刷・製本　公和印刷株式会社

ISBN 978-4-388-06343-7
Printed in Japan